班组长能力提升系列题库

班组长
团队管理能力题库

中华全国总工会劳动和经济工作部　技能强国-全国产业工人学习社区◎编

中国工人出版社

图书在版编目（CIP）数据

班组长团队管理能力题库 / 中华全国总工会劳动和经济工作部，技能强国–全国产业工人学习社区编. —北京：中国工人出版社，2024.4
ISBN 978-7-5008-8443-9

Ⅰ. ①班… Ⅱ. ①中… ②技… Ⅲ. ①班组管理–团队管理–习题集 Ⅳ. ①F406.6-44

中国国家版本馆CIP数据核字（2024）第072378号

班组长团队管理能力题库

出 版 人	董　宽
责任编辑	孟　阳
责任校对	张　彦
责任印制	栾征宇
出版发行	中国工人出版社
地　　址	北京市东城区鼓楼外大街45号　邮编：100120
网　　址	http://www.wp-china.com
电　　话	（010）62005043（总编室） （010）62005039（印制管理中心） （010）62379038（职工教育编辑室）
发行热线	（010）82029051　62383056
经　　销	各地书店
印　　刷	天津中印联印务有限公司
开　　本	880毫米×1230毫米　1/32
印　　张	7
字　　数	133千字
版　　次	2024年4月第1版　2025年7月第8次印刷
定　　价	18.00元

目　录
CONTENTS

单项选择题

1. 在班前交接管理工作中，“两不离开”原则是指（　）。

A.“班后会议”未开完不离开车间和事故分析会议未开完不离开车间

B. 接班者未签字不离开车间和事故分析会议未开完不离开车间

C.“班后会议”未开完不离开车间和接班者未签字不离开车间

D. 以上都不是

2. 企业签订女职工专项集体合同已被纳入（　）和一些地方制定的妇女权益保障法实施办法。

A.《工会法》　B.《中国工会章程》

C.《劳动合同法》　D.《安全生产法》

3. 职工代表大会每年至少召开（　）次。职工代表大会全体会议必须有（　）以上的职工代表出席。

A. 1，三分之二　B. 2，三分之二

C. 1，二分之一　D. 2，二分之一

4. 劳动者在同一用人单位连续工作满（　）年以上，当事人双方同意延续劳动合同的，如果劳动者提出订立无固定期限的劳动合同，应当订立无固定期限的劳动合同。

A. 5　B. 8

C. 10　D. 20

5. 在接班管理制度中，接班人员必须提前（　）到岗。

A. 60 分钟　B. 30 分钟

C. 10 分钟　　D. 5 分钟

6. 班组事务公开的内容有（　）。

①班组生产任务及其进展情况；②班组职工工资和奖金收入及分配情况；③评先选优的组织方式、选举办法及选举名单等情况；④关于节能及材料和备品使用情况（每月公开一次）；⑤互助金的使用、困难职工救济情况；⑥民主评议班组长、工会组长及工管员的情况；⑦考核班组违章违纪行为；⑧本班组其他需要公开的事项。

A. ①②③　　B. ①③④⑤⑦⑧

C. ①③⑦⑧　　D. ①②③④⑤⑥⑦⑧

7. 根据国家相关规定，职工累计工作已满 10 年不满 20 年的，年休假为（　）天。

A. 5　　B. 10

C. 15　　D. 20

8. 根据国家相关规定，职工累计工作已满 20 年的，年休假为（　）天。

A. 5　　B. 10

C. 15　　D. 20

9. 根据医疗机构证明，女职工怀孕未满 4 个月流产的，享受（　）天产假；怀孕满 4 个月流产的，享受（　）天产假。

A. 15，42　　B. 20，42

C. 15，50　　D. 20，50

10. 根据医疗机构证明，女职工生育难产的，增加产假（　）天。

A. 10　　B. 15

C. 20　　D. 30

11. 用人单位确因工作需要不能安排职工休年休假的，经职工本人同意，可以不安排职工休年休假。对职工应休未休的年休假天数，单位应当按照该职工日工资收入的（　）支付年休假工资报酬。

A. 120%　　B. 150%

C. 200%　　D. 300%

12. 管理沟通的四项基本技能，包括：①说②听③看④问，下列按重要程度顺序排列正确的是（　）。

A. ①②③④　　B. ①③②④

C. ②④③①　　D. ④②③①

13. 在每天的劳动时间内为哺乳期女职工安排（　）小时哺乳时间。

A. 1　　B. 2

C. 3　　D. 4

14. 某班组统计成员的出勤率情况，成员小李当月因故请假 15 天，该月的制度工日是 22 天，那么小李该月的出勤率应该是（　）。

A. 68.20%　　B. 31.80%

C. 60.80%　　D. 30.20%

15. 对怀孕满（　）个月以上（含）的女职工，用人单位不延长劳动时间或者安排夜班劳动，并在劳动时间内安排一定的休息时间或适当减轻工作；在从事立位作业女职工的工作场所设置休息座位。

A. 5　　B. 6

C. 7　　D. 8

16. 根据国家相关规定，职工累计工作已满 1 年不满 10 年的，年休假为（　）天。

A. 3　　B. 5

C. 8　　D. 10

17. 具体来讲，优良的班组安全文化对班组安全管理有（　）。

A. 安全规范作用　　B. 安全凝聚作用

C. 安全激励作用　　D. 以上都是

18. 通过标准化班组的创建，达到“三个受控”，即达到现场作业受控、（　）受控、成本费用受控。

A. 生产任务　　B. 任务质量

C. 安全质量　　D. 设备质量

19. 作业指导者指导成员的步骤有（　）、作业分解、备好所有的物品、作业场的整备。

A. 告知对象　　　　　　B. 编制训练计划表

C. 按计划实施内容　　　D. 随时

20. 推动公司制企业建立健全厂务公开制度，促进信息公开和廉洁从业包括（　）。

A. 推动所有公司制企业实行厂务公开，建立相应的工作制度

B. 丰富内容和形式，规范厂务公开制度

C. 把厂务公开与公司制企业信息披露相结合

D. 以上都是

21. 对于爱抱怨的职工，（　）是正确的。

A. 认为员工抱怨是和自己过意不去

B. 分析抱怨的原因

C. 把员工抱怨和他们思想不成熟联系起来

D. 对员工的抱怨视而不见

22. 企业中层以上管理人员和领导人员一般不得超过职工代表总人数的（　）。有女职工和劳务派遣职工的企业，职工代表中应当有适当比例的女职工和劳务派遣职工代表。

A. 百分之二十　　　　B. 百分之三十

C. 百分之四十　　　　D. 百分之五十

23. 职工代表大会可以设主席团主持会议。主席团成员由企业工会与职工代表大会各团（组）协商提出候选人名单，经职工代表大会预备会议表决通过。其中，工人、技术人员、管理

人员不少于（　）。

A. 百分之三十　B. 百分之四十

C. 百分之五十　D. 百分之六十

24.（　）是职工生活的“小家”，是社会主义精神文明建设的课堂，对培训和建设“四有”职工队伍发挥着“熔炉”作用。

A. 车间　B. 车站

C. 班组　D. 车务段

25.（　）管理是班组管理工作的重中之重，它可以以多种形式贯穿于班组工作的各个方面。

A. 企业　B. 车间

C. 班组　D. 民主

26. 作为企业的基层组织，班组民主管理会在工作时要树立全局观念，正确处理（　）与职工之间的利益关系。

A. 企业　B. 车间

C. 班组　D. 以上都是

27. 作为班组长，就是要努力让班组的（　）与自己一道努力实现班组安全管理的目标。

A. 个别人　B. 骨干

C. 成员　D. 家属

28. 张班长认为建立班组成员之间的相互了解是十分重要的，他通常为班组成员制造一些机会和环境，增加班组成员之间的相互了解。以下说法对加强相互了解不起作用的是（　）。

A. 让每个成员说出自己真实的感受

B. 通过班组集体活动，关心成员，增进相互了解

C. 班组成员都有自己单独做事的方式

D. 欣赏班组成员不同形式的奉献

29.（　）就是班组长通过一定的政策和技术方法，对班组生产经营（生产活动）相关资源以及运作过程进行组织和调控，以期产生最佳效果或效益的过程。

A. 安全管理　　B. 现场管理

C. 班组管理　　D. 绩效管理

30. 明确规定班组各成员的工作岗位、工作职责和工作标准等属于（　）。

A. 工作职责　　B. 工作标准

C. 班组管理制度　　D. 班组责任制度

31. 班组长在组织管理素质方面应具有（　）和经济活动分析能力。

A. 管理技术　　B. 组织生产

C. 班组核算　　D. 产品核算

32. 班组管理的重点是（　）。

A. 班组数量控制　　B. 班组思想控制

C. 班组纪律控制　　D. 班组作业控制

33. 对班组建设，（ ）的说法错误。

A. 班组建设是在企业使命与战略指导下，紧密围绕经营管理主线，全体员工积极参与，从抓基础管理开始，不断提升基层管理水平和员工基本技能的系统建设工程

B. 班组建设这个概念非常有中国特色，带有很强的群众性、创新性

C. 班组建设这个概念非常有中国特色，带有很强的文化性、思想性

D. 班组建设不属于软科学范畴

34. 在班组基础管理实践中，计量工作主要涉及（ ）领域。

A. 保证班组运行正常有序

B. 开展班组经济核算和成本管理

C. 班组生产安全和运行环境监测

D. 以上都是

35. 班组在企业中的地位和作用是（ ）。

A. 组织结构的层次性

B. 生产作业的差异性

C. 班组是搞好企业管理工作的基础

D. 企业的管理工作做好了，也就意味着班组工作做好了

36. 班组愿景是（ ）。

A. 班组理想　　B. 班组活动

C. 班组思想　　D. 班组文化

37. 班组建设与班组管理是班组长的主要职责所在。其中（　）是班组建设的主要内容与灵魂。

A. 班组文化建设　　B. 班组制度建设

C. 班组团队建设　　D. 班组管理建设

38. 班组文化主要包括（　）。

A. 班组精神　　B. 班组形象

C. 班组文化活动　　D. 以上都是

39. 以下不属于班组形象的是（　）。

A. 班组员工形象　　B. 班组环境形象

C. 班组文化氛围　　D. 企业形象

40.（　）是班组通过多种方式给社会公众留下的对班组所在企业和班组成员的整体印象与评价，是班组参与市场竞争的一种无形资产。

A. 班组精神　　B. 班组形象

C. 班组文化活动　　D. 班组口号

41. 班组关系协调指班组内部成员之间的关系，（　），班组与设备及环境之间的关系，能够有效自我调节。

A. 成员个体与班组整体之间的关系

B. 班组与协作班组之间的关系

C. 班组与车间之间的关系

D. 以上都是

42. 张班长的班组原来有三个人，从去年初开始班组扩展至八个人，且都由张班长直接指挥，大事小事均由她说了算。人数增多以来，张班长发现自己经常忙得不可开交，顾了这头，忘了那头。班组员工工作作风有点松散，对班长的不满也比较多。你认为，出现这种情况的主要原因最大可能是（　）。

A. 班组增员过多，产生了鱼龙混杂的情况

B. 张班长需要提升业务能力，让班组员工服气

C. 班组员工增加了，张班长的管理能力却没有提升

D. 班组的管理层次太多，致使张班长无法与员工进行有效的沟通

43. 应正确处理民主管理小组与班组民主管理会的关系，在规模较大、人员较多的班组，根据需要可以设置民主管理小组，组长由（　）担任，负责班组日常民主管理工作。

A. 管理者　　B. 工会组长

C. 班组长　　D. 组员

44. 下列关于主要的文化植入机制中“班组长如何分配奖酬和职位”的描述，不正确的是（　）。

A. 如果班组长试图保证班组成员领会他们的价值观以及所奉行的行为模式，他们必须建立一套与他们所奉行假设相一致的奖励、晋升和职位体系

B. 班组成员可以从他们自己的升职经历、绩效评估以及与上级的讨论过程中得知哪些是企业所看重的，哪些是要受到企业惩罚的

C. 班组长的信念不仅能够在班组长决策时发挥重要作用，同时也是决策的约束条件，因为它们往往限制了人们对其他备选方案的理解

D. 班组长将他们所关心的事物与奖惩保持一致地联系在一起，并向下属传递哪些是优先考虑的价值观和认知模式

45. 下列关于班组长对待员工的说法，不正确的是（ ）。

A. 班组长要能“容人”，对各种性格的人都要能包容

B. 班组长要能容人之长，要敢于使用能力超过自己的人

C. 班组长对班组员工的优缺点都要洞若观火，事情无论大小都要搞个一清二楚

D. 优秀班组长善于把那些能力超过自己的人安排到恰当的岗位上

46. 以下关于班组长提高管理技能的说法，不正确的是（ ）。

A. 班组长要学会使用企业给予的各项职位权力

B. 班组长要不断提高自己的领导力

C. 班组长要发挥各种非权力因素，如班组长的专长权等在工作中的作用

D. 班组长要加强铁腕管理，让职员不敢冒犯

47. 以下对于班组长在班组管理活动中的地位和角色的认识，不正确的是（ ）。

A. 作为基层作业单位的管理者，班组长是班组生产经营的指挥者和直接的责任者

B. 班组长既是管理者，又是被管理者

C. 班组长只要保证生产的完成，无安全事故发生，班组成员之间的矛盾无须理会

D. 班组长是工厂命令、决定的贯彻者和执行者，同时又是班组的主心骨、带头人

48. 班组民主会是（ ）的形式，是职工群众在班组行使民主管理权利和当家作主的具体体现。

A. 班组民主管理　　B. 班组团队管理

C. 班组政治管理　　D. 班组文化建设

49. 以下关于班组长领导方式的说法，正确的是（ ）。

A. 班组长本人的成熟度和班组职员的成熟度以及工作任务的难易等因素决定着班组长的领导方式

B. 班组长本人的成熟度是决定班组长领导方式的最重要因素

C. 班组职员的成熟度唯独决定着班组长的领导方式

D. 工作任务的难易程度唯独决定着班组长的领导方式

50. 以下关于班组中非正式组织的说法中，不正确的是（ ）。

A. 班组中的非正式组织既可能对班组目标起到积极作用，也

可能产生消极影响

B. 班组中的非正式组织可以为班组员工提供班组组织中很难得到的心理需要满足

C. 班组中的非正式组织对班组目标的实现有不利的影响，应该取缔

D. 班组中的非正式组织有时会造成班组创新的惰性

51. 思想政治工作一是靠说，二是靠（　），后者比前者更为重要。

A. 行　　B. 监督

C. 帮助　　D. 做

52. 实干者的典型特征有（　）。

A. 有创造力、个人主义、非正统

B. 冷静、自信、有控制力

C. 有责任感、有效率、守纪律

D. 外向、热情、善于交际

53. 张明是一位有个性的领导者，他的领导方式多是由于他自己的性格和专门的处事方式而形成的，然而他进入另外一家公司就职后，发觉往常的领导方式全然不起作用，他必须换一种截然相反的方式进行管理。张明的这种领导方式的变化要素是由（　）引起的。

A. 个性　　B. 环境

C. 背景　　D. 知识

54. 任何单位不得以结婚、(　　)、产假、哺乳等为由，辞退女职工或者单方解除劳动合同。

A. 怀孕　　B. 事假

C. 病假　　D. 残疾

55. 安全文化建设的根本目的是(　　)。

A. 全员安全　　B. 没有危险

C. 不出事故　　D. 不受威胁

56. 放松方法之一是相互倾听，关于倾听的原则表述，不正确的是(　　)。

A. 不评价　　B. 不指责

C. 不建议　　D. 不理会

57. 下列关于管理者沟通的说法，正确的是(　　)。

A. 认真对诱发事件进行思考

B. 不检验自己的想法

C. 不确认他人的说法

D. 不考虑沟通渠道、方法、时机

58. 对待偷懒的员工，最恰当的处理办法是(　　)。

A. 用制度惩罚他

B. 把他叫到无人的会议室进行批评教育

C. 不要问他为什么偷懒，而要问他为什么对工作提不起兴趣

D. 不予理睬，但将他的所作所为记在心上，考核时进行扣分处理

E. 经济制裁

59. 班组长管理（　）即生产进度方面的信息、上级下达的指标、下级向上级反馈的意见和建议等。

A. 信息　　B. 人

C. 财　　D. 物

60. 一个企业中的管理者为了提高自己对下属的领导效果，他应当（　）。

A. 提高在下属中的威信和影响力

B. 尽量升到更高的位置

C. 采取严厉的惩罚措施

D. 增加对下属的物质刺激，因为每个员工都是“经济人”

61. 建立共同愿景的策略应该是逐步发展出来的，大体分为四个阶段，即（　）。

A. 告知、推销、测试、共同创造

B. 告知、推销、共同创造、测试

C. 测试、告知、推销、共同创造

D. 共同创造、告知、推销、测试

62. 班组管理的目的最关键的是（　）。

A. 产出人才　　B. 产出机制

C. 产出气氛　　　　　　　　D. 产出团队

63. 以下关于产品制造过程中不良品的说法，正确的是（　）。

A. 产品制造过程中的不良品，只要操作安全就能不出现

B. 产品制造过程中的不良品，只要原材料合格就能不出现

C. 产品制造过程中的不良品不属于人工的浪费

D. 对产品制造过程中的不良品的任何修补都属于额外的成本支出，造成浪费

64. 标准化班组建设有四项原则，分别是（　）、齐抓共建、继承创新、实用实效。

A. 系统推进　　　　　　　　B. 站段主抓

C. 车间直管　　　　　　　　D. 分层分类

65.（　）是现场班组管理五大任务之一。

A. 考勤　　　　　　　　　　B. 计划

C. 成本　　　　　　　　　　D. 预防

66. 班组管理的动态控制有五种，即制度控制、作业控制、（　）、跟踪控制和群防控制。

A. 人事控制　　　　　　　　B. 重点控制

C. 成本控制　　　　　　　　D. 局部控制

67. 奖惩是领导工作重要的组成部分，在采取惩罚行动时应注意（　）。

A. 及时惩罚　　　　　　　　B. 使被惩罚者预知错误的行为

C. 惩罚前后要一致　　D. 以上都是

68. 民主管理能创造经济效益，推动（　）。

A. 企业协调　　B. 科学发展

C. 持续发展　　D. 以上都是

69. 以下不属于民主管理功能的是（　）。

A. 协调功能　　B. 集中化功能

C. 创效功能　　D. 凝聚功能

70. 下列关于事必躬亲型班组长的说法不正确的是（　）。

A. 此类班组长缺乏管理技能，会阻碍班组员工的成长

B. 此类班组长很辛苦，是班组长的楷模

C. 此类班组长不利于班组成员业务能力的提高，易带出将强兵弱的班组

D. 此类班组长应学会有效授权

71. 企业文化能使员工自觉地把自己的一言一行与企业价值观对照检查，纠正偏差，发扬优点，改正缺点，使自己的行为符合企业要求。这体现了企业文化的（　）。

A. 协调功能　　B. 维系功能

C. 导向功能　　D. 凝聚功能

72. 班组长的（　）是指班组长在企业管理层次中所处的行使职权的位置。

A. 权力　　B. 责任

C. 地位　　　　　　　　　D. 职责

73. 美国管理学家克雷顿·奥尔德佛在马斯洛需要层次理论的基础上针对组织和工作情景提出了激励的 ERG 理论。这一理论对于班组长理解如何创造员工自我发展、自我管理的工作环境有着良好的启示作用。ERG 理论认为人的需要有三类，以下对这三类需要说法正确的是（　）。

A. 第一类是生存需要（E）、第二类是关系需要（R）、第三类是成长需要（G）

B. 第一类是生存需要（R）、第二类是关系需要（E）、第三类是成长需要（G）

C. 第一类是生存需要（G）、第二类是关系需要（R）、第三类是成长需要（E）

D. 第一类是生存需要（R）、第二类是关系需要（G）、第三类是成长需要（E）

74. 班组长是企业的兵头将尾，是生产现场（　）及责任者，是企业最基层、最基础的管理组织者。

A. 最终管理者　　　　　　B. 临时管理者

C. 第一组织者　　　　　　D. 第一管理者

75. 班组培训中，要在每日班组（　）上坚持抽问 1—2 名职工各 2—3 道技术业务题，并布置次日抽问的技术业务题。

A. 民主会　　　　　　　　B. 评议会

C. 点名会　　　　　　　　D. 生活会

76. 班组长的领导方式可以影响班组的激励水平，优秀的班组长通常都具有较高的激励技巧。下列说法不正确的是（　）。

A. 马班长在要求员工时总是以身作则

B. 李班长对工作充满热情，并用自己的热情去感染员工

C. 丁班长觉得自己可以没有激情，但团队成员必须充满激情

D. 张班组长非常信任自己的下属，努力提供条件帮助他们完成任务

77. 团队管理在现场改善上是指（　）。

A. 让员工多提合理化建议

B. 注重合理化建议的实施效果

C. 定目标，组团队，攻难题

D. 请设备、工艺、质量部门配合

78. 在激励的过程中，要注意把握人行为的三个阶段，处理好其中人与组织的关系。首先需要完成的是（　）。

A. 需要阶段的矫正与调整　　B. 动机阶段的强化和引导

C. 督导阶段的检查与实施　　D. 行动阶段的督促和帮助

79. 班组民主管理小组应发挥（　）、模范作用、纽带作用。

A. 指导作用　　　　　　　　B. 主导作用

C. 督导作用　　　　　　　　D. 辅导作用

80. 团队管理的几个要素是指（　）。

A. 人员、设备、安全、现场

B. 目标、技能、配合、沟通

C. 队员、队长、工具、方法

D. 业绩、岗位、分工、协作

81. 以下不适合进行辅导的是（　）。

A. 对方请你给予建议、帮助、支持时

B. 对方对自己的能力没有把握时

C. 对方工作非常忙时

D. 对方感到挫折或迷惘时

82. 下列关于权变管理理论的说法，不正确的是（　）。

A. 权变管理的灵魂是指世界上没有一成不变的管理模式，领导者应根据实际情况选择最合适的管理方式

B. 管理者应根据环境的不同而及时变换自己的领导方式，但应以人为本，命令的管理方式不是好方式

C. 对文化素质高、业务能力强、工作态度好的员工，班组长可采用授权的方式进行管理

D. 对文化素质不高、积极性不高的员工，班组长可适当采用命令的方式

83. 企业工会女会员在（　）以上，应建立工会女职工委员会。

A. 四十人　　B. 三十人

C. 二十人　　D. 十人

84. 为了提高工作效率，班组长也要进行投入产出的核算，做到心中有数。(　　)能提高工作效率、提高投入产出比。

A. 努力节约成本，减少原材料的使用量与损耗量

B. 加强对班组成员的培训，提高其技术水平与操作水平

C. 发挥成员的积极性和主动性

D. 不断审视已有的工作流程，发现可以改进的地方，不断缩短工作环节或步骤完成时间和转换时间

E. 以上都是

85. 推动公司制企业依法建立健全职工代表大会制度，加强民主决策和科学管理包括(　　)。

A. 发挥职工代表大会在推动董事会民主决策、科学决策方面的积极作用

B. 发挥职工代表大会在增强经理层经营管理效能方面的积极作用

C. 发挥职工代表大会在提高监事会监督实效性方面的积极作用

D. 以上都是

86. 班组思想政治工作就是班组对职工进行的思想工作和(　　)。

A. 品德教育　　B. 业务教育

C. 法制教育　　D. 政治教育

87. 班组长工作辛辛苦苦，但有些人的工作效率却不高。不是他

们不努力，关键的问题就出在（ ）上，是缺乏创造性造成的。

A. 责任心　　B. 态度

C. 方法　　D. 业务

88. 下列关于非正式小群体的说法，不正确的是（ ）。

A. 非正式小群体具有强烈的排他性，圈外人难以进入

B. 非正式小群体内部有一些不成文的规范或所谓“纪律”来约束群体成员

C. 非正式小群体内往往有一两名领袖人物，他们是自发产生的，在该群体中常常有较高的威信和号召力

D. 非正式小群体会破坏班组建设，因此，班组长要严禁班组内非正式小群体的产生

89. 张班长把新项目组织的责任和权力分配给李副班长，同时又要求新项目组的几个小组长直接向她汇报，同时她本人经常直接向各个小组长下达指令。张班长的这种做法违反了管理中的（ ）原则。

A. 责权对等　　B. 统一指挥

C. 分权管理　　D. 专业管理

90. 班组长在组织管理素质方面应具有（ ）班组各项管理制度的能力。

A. 执行　　B. 制定

C. 分析　　D. 解决

91. 在班组内评选“班组之星”“每日一星”“安全之星”“质量之星”“学习之星”“创新之星”“和谐之星”“快乐之星”，以员工名字来命名创新技术成果，属于班组文化建设机制中的（　）。

A. 赛场机制　　B. 荣誉机制

C. 分享机制　　D. 轮值机制

92. 企业文化的三大作用是（　）。

A. 指导作用、行为的约束、宣传作用

B. 行为的约束、力量的源泉、人心的凝聚

C. 丰富生活、创造生活、享受生活

D. 管企业、管班组、管员工

93. 企业价值观的修正就是对原有价值观的（　）。

A. 隔离　　B. 扬弃

C. 否定　　D. 保留

94. 行为科学理论认为，人是（　）。

A. 经济人　　B. 社会人

C. 复杂人　　D. 自我实现人

95. 企业人四大病毒是指：对人不知（　），对己不知（　），对事不愿（　），对物不懂（　）。

A. 感恩，克制，尽力，珍惜

B. 珍惜，克制，尽力，感恩

C. 感恩，克制，珍惜，尽力

96. 班组长的任职条件要求班组长必须具有（　）及以上技术等级。

A. 高级工　　B. 中级工

C. 高级技师　　D. 技师

97. 班组团队管理的作用是（　）。

A. 搞好工作、相互团结、共同提高

B. 相互学习、共同攻坚、提升管理

C. 搞好生产、管好安全、现场改善

D. 管好员工、管好班组、管好现场

98. 目标管理兼顾团队目标和个人工作目标，但需要量化管理控制，制定详细的（　）量化指标有利于激励班组团队按照共同的目标努力。

A. 团队　　B. 企业

C. 个人　　D. 班组

99. 工会组长是班组（　）的组织者和主持人，是搞好班组民主管理工作的首要条件。

A. 民主监督　　B. 民主管理

C. 个人管理　　D. 企业管理

100. 倾听各种观点、广泛征求班组成员意见，表明班组长对班组成员的（ ）。

A. 控制　　B. 自我意识的尊重

C. 个性的关心　　D. 监督

101. 班组民主管理的组织形式和活动方式有（ ）。

A. 班组民主会　　B. 班组核心会

C. 工人民主管理员　　D. 以上都是

102. 一个高效的团队不仅讲求彼此合作默契，更讲求（ ），这需要通过有目的的培养、训练。

A. 工作氛围　　B. 工作成绩

C. 工作成效　　D. 工作效率

103. 管理应该重视满足员工的合理需要，人的需要可分为物质需要和（ ）。

A. 精神需要　　B. 生活需要

C. 工作需要　　D. 家庭需要

104. 班组事务公开一项重要的考量指标是（ ），除此之外，还有公开内容、公开形式。

A. 公开时限　　B. 公开场地

C. 公开考核　　D. 公开检查

105. 张班长正在准备班组职员的晋升方案，方案中不需要考虑的是（ ）。

A. 成员个人的技能水平　　B. 成员的工作和学习的方法

C. 公司过去的经营业绩　　D. 职员的比较优势

106. 员工为执行工作任务或者主要利用公司物质条件所完成的作品、发明创造等，其知识产权属于（　）。

A. 自己所有　　B. 家人所有

C. 公司所有　　D. 国家所有

107. 对班组工资分配、考勤、考核等关系班组职工切身利益的问题，推行班务公开和（　），做到公开、公正、透明。

A. 透明管理　　B. 民主管理

C. 公正管理　　D. 监督管理

108.（　）属于甲骨文公司管理员工的方式。

A. 日历管理　　B. 时间管理

C. 功能管理　　D. 价值管理

109. 沟通的目的是人们在沟通中首先要考虑的因素，下面关于沟通目的的说法，不正确的是（　）。

A. 人们在进行沟通交流时经常希望达到多种目的

B. 沟通的方式方法和沟通的目的没有什么关系

C. 沟通必须有明确目的，这是使沟通有效的基础

D. 当沟通目的不止一个时，需要确定最主要的目的是什么

110. 班组内部由于职责不清而导致管理“真空”。这是指团队冲突原因中的（　）。

A. 责任模糊　　B. 地位斗争

C. 沟通不畅　　　　D. 工作性质不同

111. 成员之间地域、观念、价值观、教育背景的差异容易产生冲突。这是指团队冲突原因中的（　）。

A. 责任模糊　　　　B. 地位斗争

C. 沟通不畅　　　　D. 观念不同

112. 下列选项中不属于班组人员培训内容的是（　）。

A. 工作技能　　　　B. 听领导的话

C. 沟通技能　　　　D. 专业知识

113. 下列选项中不属于班组长权限的是（　）。

A. 员工调配权　　　　B. 本班组的指挥权和管理权

C. 购买设备权　　　　D. 合理化建议

114. 滥用职权罪在主观方面表现为（　）。

A. 过失　　　　B. 无意

C. 故意　　　　D. 随意

115. 企业标准化建设的核心是（　）。

A. 作业标准　　　　B. 工作标准

C. 管理标准　　　　D. 技术标准

116. 班组长在（　）素质方面应能按计划进度完成各项工作任务和经济技术指标。

A. 职业道德　　　　B. 组织管理

C. 管理技术　　　　D. 组织生产

117. 在班组六大员中，班组长要（　）。

A. 懂管理和懂技术　　B. 进行过程抽检和巡检工作

C. 管理设备　　D. 负责员工的生活和纪律

118. 讲座法在阐述阶段主要是（　）。

A. 举例印证主旨　　B. 阐明培训内容

C. 归纳课程内容　　D. 强调课程要点

119. 20 世纪初，激励理论开始在管理领域被广泛应用，逐步形成了相对完整的管理激励理论体系。从理论侧重点来看大致由三种类型理论构成。以下不属于这种分类的理论是（　）。

A. 内容激励理论　　B. 需求层次理论

C. 过程激励理论　　D. 行为改造理论

120. 为保证班组沟通的有效性，需要在沟通中遵循一些基本准则，即通常所说的“7C 准则”。以下不属于“7C 准则”范畴的是（　）

A. 可信赖与环境融洽　　B. 内容同质与表达明确

C. 过程持续性与连贯性　　D. 多选择正式沟通渠道

121. 按照上级部门规定的班组管理台账，及时准确做好各种原始记录；发挥班组（　）作用，做到分工负责填记，管理好台账；有效运用班组台账各种信息，服务班组管理。

A. 工班长　　B. 安全员

C. 核算员　　D. 工管员

122. 当班组成员发生冲突时，班组长应（　）。

A. 回避　　B. 劝说制止

C. 汇报上级　　D. 了解事实、公平解决

123. 班组民主管理工作中必须建立健全组织制度、工作制度和（　）。

A. 活动制度　　B. 学习制度

C. 会议制度　　D. 谈心制度

124. 关于避免团队冲突方法，下列说法错误的是（　）。

A. 保持控制力

B. 开诚布公、真诚、建设性地表达意见

C. 积极地聆听

D. 站在个人的立场考虑问题

125. 作为员工，对待任何事情都要（　）。

A. 有当事者意识　　B. 麻木应对

C. 积极应对　　D. 推脱

126. 定岗定员是班组管理的（　）。

A. 一般原则　　B. 重要部分

C. 基本原则　　D. 必要部分

127. 一位管理者说他在单位的主要职责是给研发人员分派具体的工作任务，并指挥和监督各项具体任务的完成情况。由此可推断，这位管理者是（　）。

A. 高层管理人员　　B. 中层管理人员

C. 基层管理人员　　D. 无法推断

128. 班组长要解决干什么事、由哪些人干的职能是（　）。

A. 计划　　B. 控制

C. 激励　　D. 领导

129. 管理者在工作中采取不同工作方法管理不同下属，以促进工作关系的和谐，这种管理思想是（　）。

A. 权衡管理　　B. 权变管理

C. 集权管理　　D. 无为而治

130. 角色激励制度包括（　）。

A. 薪酬提升　　B. 职务提升

C. 技能评级　　D. 以上都是

131. 关于技术型人才和管理型人才的关注点，表述正确的是（　）。

A. 技术型人才重视管“人”，管理型人才重视管“物”

B. 技术型人才重视“过程”，管理型人才重视“结果”

C. 技术型人才重视人文科学，管理型人才重视自然科学

D. 技术型人才重视知识技能的“广度”，管理型人才重视知识技能的“深度”

132. 推动公司制企业依法建立健全职工董事职工监事制度，强化职工参与和内部监督包括（　）。

A. 推动所有设立董事会、监事会的公司制企业建立职工董

事职工监事制度

B. 坚持职工董事职工监事必须依法由职工代表大会选举产生

C. 加强对职工董事职工监事的支持与监督

D. 以上都是

133. 小郑是一个爱学习的人，但是他周围的同事并不像他那样喜欢学习。同事们看到他经常向别的师傅请教，总爱说他几句，小郑为此感到很苦恼。据此，（　）已经成为影响小郑学习的主要因素。

A. 环境　　B. 能力

C. 家庭　　D. 工作

134. 班组长在组织管理素质方面应善于观察分析职工的（　）。

A. 思想状况　　B. 工作状况

C. 家庭状况　　D. 政治状况

135. 下列说法不利于班组长建立良好的班组关系的是（　）。

A. 良好的心态

B. 尊重班组员工

C. 坚持己见，绝不通融

D. 站在班组乃至企业的角度考虑问题

136. 以下不属于民主管理的原则的是（　）。

A. 坚持全心全意依靠职工群众办企业

B. 坚持民主管理监督权

C. 坚持职工代表大会制度

D. 坚持厂务机密性原则

137. 班组长要树立自身的威信，首先要坚持自我，要有信心；其次要实事求是，以实为根基；还要（ ），也必须精通业务和主动承担职工工作失误的责任。

A. 胆大心细 B. 以身作则

C. 坚定信念 D. 与时俱进

138. 下列说法，不能帮助管理者降低认识偏差的是（ ）。

A. 评估、反思自己的想法

B. 自我批驳自己的想法

C. 检查“自我对话”

D. 提高自信心，要坚信自己的判断能力

139. 制度在团队建设中的作用不包括（ ）。

A. 充分发挥个人影响力 B. 制度必须务实

C. 减少人情，增加执行 D. 约束人的行为

140. 通过 5S 改善活动，发现问题、解决问题来（ ），并锻炼人才，促进人才的育成。

A. 改善环境 B. 发现人才

C. 降低成本 D. 提高质量

141. 在一些非正式的环境中进行的企业典礼或仪式不包括（ ）。

A. 年会　　B. 签约仪式

C. 郊游　　D. 运动会

142. 关于事业心强的专业人员，最关键的鼓舞因素是（　）。

A. 较优厚的工资待遇　　B. 较高的职位权力

C. 较多的旅行机会　　D. 富有挑战性的工作

143. 下列关于任务管理型班组长的说法，正确的是（　）。

A. 较多关注人、较少关注工作

B. 较少关注人、较多关注工作

C. 较多关注人、较多关注工作

D. 较少关注人、较少关注工作

144. 班组长在组织管理素质方面应能（　）班组职工严格执行各项制度。

A. 教育、指导　　B. 管理、监督

C. 教育、监督　　D. 指导、管理

145. 人是一种社会动物，（　）是人生存的重要条件。

A. 社会地位　　B. 信息沟通

C. 解决温饱　　D. 人际关系

146. 处理自己和他人关系时最重要的是（　）。

A. 尽量只与自己相似的人沟通

B. 让别人认同自己的想法

C. 居高临下地控制别人

D. 求同存异，接纳他人

147. 要想使单位内部具有合作的气氛，必须具备的条件包括（ ）。

A. 成员自己做自己的事 B. 互相牵制制约

C. 具有明确的目标 D. 互相避免交流

148. 班组建设的核心是（ ）。

A. 提升班组管理水平 B. 提高班组成员整体素质

C. 科学发展观 D. 强有力的领导班子

149. 现代管理理论被称为领导艺术，其工作重点之一是（ ）。

A. 计划 B. 执行

C. 控制 D. 激励

150. 团队信任链的两大阻断效应是指踢猫反应和（ ）。

A. 积极效应 B. 消极效应

C. 垃圾效应

151. 在企业人才的层次划分中，属于督导层地位的是（ ）。

A. 总经理 B. 班组长

C. 员工 D. 部门经理

152. 李班长的班组有员工 100 多人，他直接和 3 个副班长对话，每个副班长直接和 3 个小组长对话，每个组长和 3 个队长对话，每个队有队员 3 位到 5 位。近来他发现信息传递到自己这里所花的时间很长，而且传递到他这里的信息出现了很大程度的失真，导致他对整个班组计划的控制难度加大，很多小组长也开始抱怨工作开展困难。由此推断，该班组出现这种情况的主要原因最可能在于（ ）。

A. 班组管理幅度较小，管理层次较多

B. 李班长的管理幅度太宽，以致无法对班组进行有效管理

C. 李班长对班组的管理花费的精力太少

D. 班组员工素质低，不听话，工作不认真努力

153. 管理需要资源，而资源分配的权力在你的上司手上。因此，作为管理者，班组长需要对自己的上司进行向上管理。以下关于班组长向上管理的说法，不正确的是（ ）。

A. 杨班长认为，班组长向上管理的核心是有意识地配合上司取得工作成效

B. 在与上司配合过程中，要经常沟通双方的期望，并通过不断提升期望来提升各自的能力

C. 李班长也认同在与上司配合过程中要保持信息的有效沟通。然而，他本人较为内向，理工科出身，不善言辞。因此，他总是想尽一切方法借助第三者实现与上司的信息沟通

D. 胡班长认为，作为班组长，要配合上级的长处，尽量避免上级的短处，不断地自问作为下属，他和他的班组如何做才能使上级的工作更顺利

154. 李经理原先所在单位把工作放在首位，当不能按时完成工作

时，员工通常乐意加班。后来，他进入另外一家公司，该公司的管理制度正好相反，李经理觉得在新企业中的工作很难开展。这说明（ ）。

A. 企业文化能影响企业成员的行为

B. 企业文化和基层员工关系不大

C. 李经理所在的新公司的企业文化比前一个公司好

D. 李经理所在的前一个公司的企业文化比新公司好

155. 企业文化不是管理方法，是形成管理方法的（ ）。

A. 关键　　B. 重点

C. 理念　　D. 以上都不是

156. 班组行为建设的措施包括（ ）。

A. 开展班组劳动竞赛、技术比武活动

B. 开展班组文体活动，寓教于乐

C. 利用信息化手段建立员工参与、交流、互动平台

D. 以上都是

157. 班组管理是一个（ ）的活动过程，是实现组织目标的过程。

A. 一次性开展　　B. 突击开展

C. 连续进行　　D. 间断开展

158. "基于个人的成长、成就、影响力、成熟度而进行人性重塑、品格再造的系统工程"属于班组文化建设机制中的（ ）。

A. 荣誉机制　　B. 评议机制

C. 炼化机制　　D. 活力机制

159. 班组长若想确保“事有人做，人有事做；事得其人，人得其事”，需做好班组管理中的（　）工作。

A. 计划　　B. 组织

C. 领导　　D. 控制

160. 下列关于领导方式的说法，不正确的是（　）。

A. 不是任何情况下都可采用“参与”方式，只有当上下级水平基本相当时，采用此种方式，效果才最好

B. 对班组长而言，“参与”是最好的领导方式，因为它可激发班组成员的责任感

C. 领导方式本身没有优劣好坏之分

D. 领导者采取何种方式，要根据领导者、被领导者、工作任务等因素而定

161. 企业文化建设中班组长的作用是（　）。

A. 认真理解、带头实践、为员工作表率

B. 上传下达、双向沟通、宣传理解

C. 领导怎么说我们就怎么做

D. 向员工充分宣传，认真宣贯

162. 某大型企业人才济济、设备先进齐全，在业内以管理正规有序而闻名。但近几年来，该企业业绩严重下滑，管理者和一

线员工士气低落，人员的流失率逐年升高。在下列选项中，该企业最有可能出现的问题是（ ）。

A. 计划职能　　B. 组织职能

C. 领导职能　　D. 控制职能

163. 班组民主管理会通常（ ）召开一次。

A. 每年　　B. 每季

C. 每月　　D. 每天

164. 班组民主生活会可按实际情况或（ ）召开一次。

A. 每年　　B. 每季度

C. 每月　　D. 每天

165. 通过一定的制度并设置相应的职权，来保证组员参与班组决策、管理和监督的有效实现；建立健全与制度相配套的切实可行的运作程序，以充分反映和切实表达班组成员的真实意见和建议，属于班组（ ）的内容。

A. 文化建设　　B. 创新管理

C. 民主管理　　D. 现场管理

166. 厂务公开是新时期加强职工监督，保证职工参与企业（ ）。

A. 民主管理　　B. 民主决策

C. 民主监督　　D. 以上都是

167. 厂务公开的实质是加强职工的（ ），即把权力运作过程公开化置于职工的面前，让职工行使自下而上的监督权，促进党风廉政建设，增强企业凝聚力。

A. 民主监督　　B. 民主管理

C. 民主建设　　D. 公共监督

168. (　)是针对班组工作中的问题召开的会议，由班组长与班组成员平等讨论，其目的是通过心理契约强化成员间目标任务的顺利完成。

A. 民主管理会　　B. 民主生活会

C. 民主评议会　　D. 员工自主管理活动

169. (　)是以工作相关的议题为中心的会议，由班组长与班组成员平等沟通，产生的效果是增进成员间的感情和凝聚力。

A. 民主管理会　　B. 民主生活会

C. 民主评议会　　D. 员工自主管理活动

170. (　)是员工对班组长的履职行为进行评议，或者员工之间相互评议履职行为，从而克服角色地位冲突。

A. 民主管理会　　B. 民主生活会

C. 民主评议会　　D. 员工自主管理活动

171. 班组有效管理的前提与基础是(　)。

A. 有既定的工作标准　　B. 有充足的资源

C. 有明确的工作计划　　D. 有明确的管理目标与任务

172. 班组长通常会根据每个成员的工作性质、岗位职责、在班组中的地位以及班组目标等因素分配人力、时间、设备等资源，很难做到绝对的公平。这是指团队冲突原因中的（　）。

A. 信息不对称　　B. 资源竞争

C. 目标冲突　　D. 相互依赖性

173. 人本原理体现了以人为本的指导思想，包括三个原则，下列不包括在人本原理中的原则是（　）。

A. 安全第一原则　　B. 动力原则

C. 能级原则　　D. 激励原则

174. 员工培训的关键是（　）。

A. 员工积极性　　B. 员工参与度

C. 培训方法得当　　D. 员工工作行为有效提高

175. 职工代表大会议题和议案应当由企业工会听取职工意见后与企业协商确定，并在会议召开（　）日前以书面形式送达职工代表。

A. 三　　B. 五

C. 七　　D. 九

176. 管理学中用来检验一个团队是否优秀的标准是（　）。

A. 企业市场是否广阔　　B. 企业的结构是否有效

C. 企业产品线是否完整　　D. 企业的经营目标是否合理

177. 企业文化同心圆模型中，属于企业核心层要素的是（　）。

A. 企业名称　　B. 企业制度

C. 企业价值观　　D. 企业产品

178. 下列对企业文化主要功能的表述，不正确的是（　　）。

A. 提供行为范式

B. 保证企业目标一致性

C. 企业竞争优势的唯一来源

D. 影响企业成员价值观和工作态度

179. 影响企业文化最重要的因素是（　　）。

A. 企业管理方式　　B. 企业经营策略

C. 企业利润额　　D. 企业目标

180.（　　）是企业价值观的化身和缩影。

A. 企业创始人　　B. 企业现任领导

C. 企业投资者　　D. 企业优秀班组

181. 知识管理的内容包括（　　）。

A. 战略管理　　B. 质量管理

C. 企业文化的管理　　D. 以上都是

182.《企业民主管理规定》规定：职工代表大会根据需要，可以设立若干专门工作委员会（小组），负责办理（　　）交办的事项。

A. 职工代表大会　　B. 企业党委（党组）

C. 企业行政　　D. 企业工会

183. 当处理对方的问题与异议的时候，我们首先应该（　　）。

A. 确认自己的理解　　B. 确认对方的理解

C. 倾听

184. 每个人都要遵守公司的规章制度，养成良好的工作习惯，这称为（　）。

A. 整理　B. 素养

C. 清扫　D. 清洁

185. 班组长在组织管理素质方面应能正确贯彻（　）的原则，调动班组职工的积极性。

A. 均衡分配　B. 质量分配

C. 全面分配　D. 按劳分配

186. 在最初的团队会议上，团队应该（　）。

A. 建立基本的规则和讨论成员的责任

B. 在项目的目标、范围、计划和时间表上达成一致意见

C. 确定可行的会议时间和地点

D. 以上都是

187. 关于建设企业文化的说法，最恰当的是（　）。

A. 企业领导亲自贯彻落实就可以了

B. 请咨询公司帮助策划建设比较好

C. 让每位员工理解，企业全体人员共同实践

D. 企业规模足够大才有建设企业文化的意义

188. 管理作为一门科学，其自身的内在特点有（　）。

A. 任务性、数量性　B. 决策性、集权性

C. 人本性、协调性　　D. 灵活性、随意性

189. 在用人的过程中，管理者一定要结合时代的发展与组织自身的发展需要，牢牢把握任用人才的核心要素，这将有助于人才的合理任用，真正贯彻（　）的用人宗旨。

A. 因人而异，因地制宜　　B. 严格把关，强化管理

C. 人尽其才，才尽其用　　D. 以上都不是

190. 生产的完成、质量的保证、成本的降低都是需要（　）去实现的。

A. 管理　　B. 实践

C. 人员　　D. 班组

191. 职工董事、职工监事不履行职责或者有严重过错的，经（　）以上的职工代表联名提议，职工代表大会全体代表的过半数通过可以罢免。

A. 三分之一　　B. 二分之一

C. 三分之二　　D. 四分之一

192. 职工代表大会每届任期为（　），具体任期由职工代表大会根据本单位的实际情况确定。

A. 一年至两年　　B. 三年至五年

C. 三年至四年　　D. 四年至五年

193. 班组人员的选聘包括（　）。

A. 个人品格测试　　B. 个人能力测试

C. 上岗操作测试　　D. 以上都是

194. 企业应当向从业人员如实告知作业场所和工作岗位存在的（　）、防范措施以及事故应急措施。

A. 危险因素　　B. 人员状况

C. 设备状况　　D. 环境状况

195. 作为班组长，在努力使班组成员的发展符合他们需要的同时，还必须确保班组成员的发展与（　）的目标一致。

A. 企业和班组　　B. 班组长

C. 社会　　D. 家庭

196. 检查部门的职能是（　）、预防、报告。

A. 验收　　B. 把关

C. 审核　　D. 执行

197. 班组按其生产产品、工作性质和业务范围，一般分为（　）。

A. 基本生产班组、辅助生产班组、职能生产班组和服务班组

B. 普工班组、技术班组

C. 生产班组、脱产班组

D. 操作班组、维修班组

198. “班组职工都有参加生产劳动和技术培训的权利，对班组生产和技术上的问题有发言权和建议权”属于（　）。

A. 政治上实行民主　　B. 经济上实行民主

C. 生产技术上实行民主　　　D. 生活上实行民主

199. 人的合理需要除了生理、安全、社交、成就需要之外，主要还有（　）。

A. 精神需要　　　B. 尊重需要

C. 生活需要　　　D. 文化需要

200. “班组领导”实质上是被赋予一定的职权的班组长对班组成员（　），并率领他们实现班组目标的过程。

A. 安排任务　　　B. 指导培训

C. 施加影响　　　D. 监督执行

201. 思想意识是指符合（　）的观念意识和思维方法。

A. 时代精神　　　B. 年代精神

C. 时代发展　　　D. 年代特征

202. 设定团队目标应秉持（　）的原则。

A. 量化　　　B. 可实现

C. 时间可控　　　D. 以上都是

203. 以下属于班组长总结自己管理经验的方式为（　）。

A. 系统地学习管理知识

B. 自己总结基本经验，由公司再从理论上给予提高

C. 实践中充实管理知识，运用管理的基本原理指导日常工作，善于总结，善于透过现象看本质

D. 先取得文凭，再提升管理能力

204. 职工代表在任期内因跨选区工作岗位变动或者单位与其终止、解除劳动关系，其代表资格（ ）。

A. 自行撤销　　B. 继续保留

C. 始终保留　　D. 自行终止

205. 下列关于优秀班组长特征的说法，不正确的是（ ）。

A. 理解班组员工的需求和感情

B. 高人一等的专长

C. 事必躬亲

D. 公平、公正对待班组的每一位员工

206. 班组团队成员基本分成先进者、落后者及中间层三种类型。在激励过程中对先进者激励时特别要注意使用（ ），关心体贴，动之以情。

A. 典型示范，打破惯性　　B. 肯定成绩

C. 适时表彰　　D. 提供机会，发挥特长

207. 从领导角度来看，班组长应当具备的具体条件不包括（ ）。

A. 强烈的事业心和坚定的信念

B. 组织协调能力及文化水平

C. 熟悉业务，技术水平高，生产能力强

D. 凡事亲力亲为，独立完成

208.（ ）是指对事物的分析、认识的方法。

A. 思想意识　　B. 思想方法

C. 思想修养　　　　　　　　D. 思想道德

209. (　　) 是指在品德、情操、意志力、自我控制能力等方面的修养。

A. 思想意识　　　　　　　　B. 思想方法

C. 思想修养　　　　　　　　D. 思想道德

210. 班组长在（　　）素质方面要有原则性和民主意识。

A. 专业技术　　　　　　　　B. 组织管理

C. 思想政治　　　　　　　　D. 职业道德

211. 班组长在（　　）素质方面应能科学合理组织和领导本班组的生产经营活动。

A. 组织管理　　　　　　　　B. 职业道德

C. 思想政治　　　　　　　　D. 管理技术

212. 小李是公司的销售部的班长，他一天到晚都有接不完的电话，各种客户的咨询电话、订购电话、抱怨电话等都找他，同时他又不放心把这些工作交给其他人去做，使得他不能抓住工作的主要部分，又导致他的睡眠极差。李班长很纳闷，为什么他那么忙碌却总不能将工作做完呢？李班长的这种情形说明（　　）。

A. 他不会有效地工作　　　　B. 他不能解决客户的问题

C. 他不会有效地休息　　　　D. 他不能很好地授权

213. 下列说法不属于班组长对班组员工培训重点的是（　　）。

A. 技能　　B. 听话

C. 态度　　D. 知识

214. 以提高班组长分析和决策能力、书面和口头沟通能力等为主要内容的培训属于（　）。

A. 技能培训　　B. 理论培训

C. 态度培训　　D. 认知培训

215. 下列选项中不利于班组长在学习型班组中发挥作用的是（　）。

A. 塑造人格魅力　　B. 扩大自身知识面

C. 探索团队学习方法　　D. 采用固有的学习方法

216. 班组建设的意义就集中彰显在五大需要上，（　）不属于班组建设的意义。

A. 组织变革的需要　　B. 提高企业执行力的需要

C. 提升经济效益的需要　　D. 人本管理的需要

217. 对于“牢骚不断”的职工的管理宜采用（　）。

A. 杀鸡给猴看　　B. 表示理解、态度坚决

C. 听之任之　　D. 同情附和

218.（　）是企业中有效沟通的作用。

A. 解决矛盾　　B. 明确目标

C. 统一认识　　D. 激励员工

E. 以上都是

219. 在建立学习型组织共同愿景时，真正的逻辑顺序应该是先开掘（　）愿景，在此基础上塑造共同愿景。

A. 个人　　B. 组织

C. 团队　　D. 领导

220. 人本管理是指以（　）为出发点和落脚点，以个人的全面的自在的发展为核心，创造相应的环境、条件，以个人自我管理为基础，以组织共同愿景为引导的一整套管理理论和模式。

A. 组织　　B. 个人

C. 团队　　D. 管理者

221. 企业开展培训活动的主要压力源于（　）。

A. 培训成本过高　　B. 员工的消极态度

C. 团队竞争过于激烈　　D. 达不到绩效水平

222.（　）不属于团队精神的内容。

A. 团队凝聚力　　B. 团队合作

C. 团队士气　　D. 个人能力

223. 班组民主管理会由（　）主持。

A. 工班长　　B. 党小组长

C. 团小组长　　D. 工会小组长

224. 企业欢迎（　）类型的班组长。

A. 事必躬亲型　　B. 唯命是从型

C. 外科医生型　　D. 埋头苦干型

225. 设定团队目标必须明确衡量标准、(　)等。

A. 控制措施　　B. 资源配置

C. 完成时间　　D. 以上都是

226. 下列关于主要的文化植入机制中，班组长对关键事件和危机的反应的描述，不正确的是(　)。

A. 班组长处理危机的方式往往能够揭示出组织的隐含假设，在处理危机的过程中往往会形成一些新的规范、价值观和工作程序

B. 班组长可能没有意识到行为的不一致，因此可能传递出相互矛盾的信息，从而导致企业的文化冲突及组织病态

C. 危机在班组文化的创立和传播过程中具有重要作用，处理危机的过程中所迸发的高昂情绪能够提升人们学习的强度

D. 危机会提升焦虑感，组织成员希望降低焦虑感的需要正是进行新的学习的强大动力

227. 班组长在任何时候、任何情况下，绝不(　)、违章蛮干。

A. 以身作则　　B. 服从管理

C. 违章指挥　　D. 服从纪律

228. 职工代表大会制度已为社会和职工群众所接受，同时它在推动(　)方面发挥了重要作用。

A. 企业改革　　B. 经济发展

C. 维护职工合法权益　　D. 以上都是

229. 新工人进入生产岗位前应安排做好体检工作，分配工作时应执行有关职业禁忌证的规定，这是（　）的职责。

A. 安全专职机构　　B. 人事、劳资部门

C. 卫生保健部门　　D. 计划部门

230. 员工不具备敬业精神，是因为在企业中存在着（　）的文化。

A. 为自己工作　　B. 为老板打工

C. 为企业和团队做事　　D. 为信仰而战

231. “士为知己者死”这一古训反映了有效的领导始于（　）。

A. 上下级之间的友情

B. 为下属设定崇高的目标

C. 为下属的利益不惜牺牲自己

D. 了解下属的欲望和需要

232.（　）是文化结构的重要内容，对文化结构的变动有直接的影响。

A. 民族的历史文化传统　　B. 基础科学的发展

C. 文化教育水平　　D. 历史文化观念

E. 经济制裁

233. 班组长的工作方式要懂得用人之长，激发职工的积极性，学

习古今中外领导人用人的技法。史学家司马迁提出的用人标准中，（　）的人不能用。

A. 有德有才　　B. 有德无才

C. 无德无才　　D. 无德有才

234. 建设班组安全文化的工具中，属于行政手段的是（　）。

A. 安全知识考试

B. 设备实操

C. 无毒或低毒材料代替有毒或高毒材料

D. 违章员工被罚款

235. 企业绩效增长与企业文化的关系是（　）。

A. 正相关　　B. 负相关

C. 无相关　　D. 不一定

236. 在班组管理实践中，班组长不仅要管物、管事，还要管人，而且在人、财、物等生产要素中，（　）是第一要务。

A. 事　　B. 人

C. 物　　D. 财

237.（　）是生产活动中最重要的因素，是生产的具体实践者，解决好班组中“（　）”的问题，就等于抓住了班组建设的关键。

A. 财，财　　B. 人，人

C. 物，物　　D. 事情，事情

238. 管理的第一要素是（　）。

A. 人　　B. 机

C. 物　　D. 环境

239. 每个员工都需要有一定程度的压力，但压力过大会让人出现问题，下面因素不太可能导致过度压力的是（　）。

A. 对时间和精力不切实际的要求

B. 短时间内要做太多的事

C. 误解

D. 缺乏热情

240. “班组文化建设的主要工作是通过标杆影响、评价引导、奖惩导向等方式，强化班组文化的落实”属于班组文化建设（　）需要采取的方法。

A. 认知阶段　　B. 认同阶段

C. 习化阶段　　D. 创新阶段

241. 在团队建设和全面质量管理中，（　）管理侧重制定企业的质量方针、目标，并协调企业各部门、各环节、各类人员的质量管理活动。

A. 上层　　B. 中层

C. 下层　　D. 基层

242. 在团队建设和全面质量管理中，（　）管理侧重贯彻落实上层管理的质量决策，执行各自的质量职能和具体的管理基层工作。

A. 上层　　B. 中层

C. 下层　　D. 基层

243. 在团队建设和全面质量管理中，（　）管理则要求每个职工都要严格地按标准、按规程进行生产，相互间进行分工合作，并结合本职工作，开展合理化建议和质量管理小组活动，不断进行作业改善。

A. 上层　　B. 中层

C. 下层　　D. 基层

244. 班组团队成员基本分成先进者、落后者及中间层三种类型。在激励过程中“肯定成绩，适时表彰；用足优点，发挥特长；创造机会，提高技能；找出差距，明确方向；改善环境，戒骄戒躁”是对（　）的激励手段。

A. 落后者　　B. 中间层

C. 先进者　　D. 中间层、落后者

245. 加强班组建设，不断优化班组管理，提高班组（　）能力是企业管理的一项长期战略任务。

A. 自管自控　　B. 质量控制

C. 现场管理　　D. 安全管理

246. 通过（　），能使员工的动手能力不断增强和提高，从而熟练掌握操作技能。

A. 示范操作　　　　　B. 安全教育

C. 现场技术指导　　　D. 指导操作

247. 高效团队的特征不包括（　）。

A. 清晰的目标　　　　B. 相关的技能

C. 相互猜疑　　　　　D. 一致的承诺和良好的沟通

248. 在班组管理和领导活动中占有重要地位，带有较强的人情味，且可以更加增进双方了解，保持更好合作默契的沟通方式是（　）。

A. 非正式沟通　　　　B. 正式沟通

C. 向上沟通　　　　　D. 向下沟通

249. 在班组中，小张帮助小李做工作，但不承担责任，小张对小李是（　）

A. 小张和小李是被授权者与授权者的关系

B. 代理职务

C. 小张和小李是师徒传帮带的关系

D. 参谋人员

250.（　）是指在计划期内提高产品质量以达到既定的指标，是班组团队满足客户的基本要求。

A. 产品类型指标　　　B. 产品质量指标

C. 效率量化指标　　　D. 团队产值指标

251.（　）是指在计划期内完成一定（金额）产值的指标，是团队的基本任务。

A. 产品类型指标　　B. 产品质量指标

C. 效率量化指标　　D. 团队产值指标

252. 班组长的角色定位有“五个面对”。“五个面对”是角色定位的关键，其中，面对上司作为班组长要（　）。

A. 辅佐、建议　　B. 接待、感谢

C. 协调、配合　　D. 教育、统御

253. 从理论研究的侧重点看，管理激励理论体系大体上由（　）构成。

A. 内容激励理论

B. 过程激励理论

C. 行为改造理论（结果反馈理论）

D. 以上都是

254. 企业文化是指企业在生产经营和管理活动中所创造的具有该企业特色的精神财富和物质形态，其核心是（　）。

A. 历史传统　　B. 价值观念

C. 行为准则　　D. 企业制度

255. 林班长的班组有员工 60 多人，如果他想充分发挥员工的多元互补优势，他需要运用（　）。

A. 团队工作方式

B. 群体工作方式

C. 行政命令方式

D. 充分调动非正式群体积极性的工作方式

256. 能源管理标准要求组织应确保（　）的人员具有基于相应教育、培训、技能或经验所具备的能力。

A. 与主要能源管理相关　　B. 与主要能源使用相关

C. 需要获得从业资格证书　　D. 所有在组织内工作

257. 班组长的作用有（　）。

A. 带头作用、协调作用　　B. 领导作用、合作作用

C. 宣传作用、民主管理　　D. 政治领导、经营决策

258. 大多数班组成员很难从一开始就能进行准确的角色定位，且能独当一面，这就意味着企业要建立一套成熟的（　）体系，帮助员工准确定位、快速成长。

A. 培训　　B. 训练

C. 学习　　D. 升职

259. 关于学习型班组的说法，（　）最不恰当。

A. 学习型班组能提高班组员工的福利待遇

B. 学习型班组能不断增强班组自身能力

C. 学习型班组能促使行为或绩效的改善

D. 学习型班组能促使班组员工不断获取、创造新的知识和技能

260. “为解决组织面临的特殊问题而设立的，其核心是提高产品

质量、提高生产效率、改善工作环境等”，属于（ ）。

A. 问题解决型团队　　B. 自我管理型团队

C. 学习型团队　　D. 多功能型团队

261. “每个人在组织中通过责任、奉献和知识共享把工作做得更快更好。这种团队的核心是协同合作，其最高境界是全体成员的向心力、凝聚力。发挥的是个体利益和整体利益的统一，进而保证组织的高效率运转。”这属于（ ）。

A. 问题解决型团队　　B. 自我管理型团队

C. 学习型团队　　D. 多功能型团队

262. 女职工产假期间的生育津贴，按照本单位上年度职工月平均工资的标准由（ ）基金支付。

A. 生育保险　　B. 医疗保险

C. 养老保险　　D. 社会保险

263. 下列关于爱岗敬业的说法中，正确的是（ ）。

A. 市场经济鼓励人才流动，再提倡爱岗敬业已不合时宜

B. 即使在市场经济时代，也要提倡干一行、爱一行、专一行

C. 要想做到爱岗敬业，就应一辈子在岗位上无私奉献

D. 在现实中，爱岗敬业的观念阻碍了人们的择业自由

264. 员工应在公司制度许可范围内报销费用，任何（ ）不得报销。

A. 实际发生的费用　　B. 未发生的费用

C. 业务原因产生的费用　　D. 费用

265. PPT 是沟通中的一个重要工具，下列说法不正确的是（　）。

A. PPT 尽量简单，用图表、符号来强调信息

B. 尽量用短语，不用完整的句子

C. 一张 PPT，表达一个意思

D. PPT 中用到的颜色要丰富，要尽量多，以吸引听众

266. 女职工产假期间的生育津贴，对未参加生育保险的，按照女职工产假前工资的标准由（　）支付。

A. 用人单位　　B. 生育保险基金

C. 医疗保险基金　　D. 养老保险基金

267. 管理是社会组织的手段和（　），是众多组织活动中的一种。

A. 条件　　B. 工具

C. 依据　　D. 目的

268. 企业文化的核心是（　）。

A. 绩效管理　　B. 价值观

C. 以人为本　　D. 利益至上

269. 安全文化的核心是（　）。

A. 以人为本　　B. 以物为本

C. 以制度为本　　D. 以安全为本

270. 人的思想问题主要有两个方面，即思想认识问题和思想

（　）问题。

A. 环境　　B. 条件

C. 意识　　D. 空间

271. 班组长在管理多元化的职员队伍时，（　）。

A. 不管职员的文化背景、知识、技能、态度是否相同，都能够使用相同的动机理论

B. 利用工资和奖金待遇的调整来鼓舞职员好好工作

C. 应该具有灵活性，依照职员特点用不同的鼓舞方式

D. 给予职员具有挑战性的工作，让他们获得不断成长的机会

272. 员工（　）的行为最可能会导致敏感信息泄露。

A. 打印的敏感文件未及时取走

B. 及时清除使用过的移动介质中的数据

C. 硬盘维修或报废前进行安全清除

D. 机密信息作废时通过碎纸机碎掉

273. 企业文化产生的来源，包括（　）。

A. 企业创建者的信念、价值观和认知模式

B. 企业成员在企业演变过程中的学习经历

C. 由新成员和新领导者带来的新的信念、价值观和认知模式

D. 以上都是

274. 企业管理中存在的主要问题不包括（ ）。

A. 做事凭经验，工作随意性大

B. 工作不注意目的和方法

C. 有干劲，有热情，全身心投入工作

D. 工作执行力欠缺

275. 班组文化是企业文化的（ ），是指班组成员共同认定的思维方式和办事风格，是班组成员付诸实践的共同价值观体系。

A. 形成依据 B. 基本要素

C. 有机组成部分 D. 进一步扩展

276. 下列关于组织的说法，正确的是（ ）。

A. 很少用公司金融资产进行投机

B. 以短期的目标实现为导向

C. 有明确的目的，具有某种精细的结构

D. 会经历由失误和失败导致的困难时期

277. 下列关于角色扮演论述中不正确的是（ ）。

A. 这是情景模仿培训的一种方式

B. 对提高受训者工作技能很有帮助

C. 有助于改造受训者工作习惯

D. 是在一种真实工作环境中对受训者进行培训

278. 班组文化的重要组成是（ ）。

A. 执行力和凝聚力　　B. 执行力和员工敬业精神

C. 员工敬业精神和凝聚力　　D. 团队精神和员工敬业精神

279. 企业班组长的基本职责有（　）。

A. 生产规划、员工管理

B. 人力资源管理、生产管理

C. 员工培训、团队建设

D. 生产现场管理、班组员工管理

280. 班组管理工作的重点是作业控制、质量控制和（　）。

A. 成本控制　　B. 时间控制

C. 员工行为控制　　D. 安全控制

281. 对班组长自身素质的四项基本要求描述错误的是（　）。

A. 有强烈的事业心

B. 在工作上坚持原则

C. 在管理下属时，应多采用命令式口吻

D. 遵守社会公德和职业道德

282. 下列关于授权的说法，正确的是（　）。

A. 无论事情大小，都必须由班组长亲自拍板、研究与实施

B. “自己动手来得快”，瞅着下级笨手笨脚，不如自己动手来得便当。给员工解释说明的时间，自己早就把事情做好了

C. 在所有领导方式中，授权是最好的方式

D. 善于授权是领导者高明的“分身术”，班组长要学会授权，从而保证班组长做班组长该做的事，员工做员工该做的事

283. （　）是相对于绝对服从而言的，即管理者在公正、公平、公开的原则下，协调各方的意愿和行为，以达到管理的目的的一种管理方法。

A. 标准化管理　　B. 民主管理

C. 责任制度管理　　D. 人员管理

284. 从管理学的角度来看，班组（　）的核心理念就是以人为本，强调人格平等。

A. 规章制度管理　　B. 民主管理

C. 责任制度管理　　D. 人员管理

285. 中国企业的班组（　）思想与现代管理学之父彼得·德鲁克的以设定目标的方式实现员工的自我控制，即以“自由人的身份采取行动”的思想如出一辙，与马克思和恩格斯在《共产党宣言》中提出的实现“人的自由而全面发展”也高度一致，即以人为中心。

A. 安全制度管理　　B. 民主管理

C. 责任制度管理　　D. 人员管理

286. 张班长脾气暴躁，对班组成员常说的口头禅是“认真干活就多发奖金，不认真干就回家去”，下列关于张班长的说法，

不正确的是（　）。

A. 张班长的综合素质有待提升

B. 张班长把班组员工看成自我实现人

C. 张班长不是一个合格的管理者

287. 小明连续 3 天迟到 5 分钟，他的上司老王不确定是否需要找他谈谈，下列说法不能帮助老王想清楚这一问题的是（　）。

A. 小明连续 3 天迟到，这件事严重吗？他的结论是，这件事对团队的影响还是挺大的

B. 小明和领导的关系如何，和同事关系是否融洽

C. 找他谈话，他就能改变这一行为吗

D. 如果不做这个谈话，后果会是什么

288. 小黄所在的团队内经常发生冲突。为了改变这种状况，小黄提倡冲突发生时大家应采取（　）的行为方式来解决。这种方法可以得到最好的解决结果和很高的团队承诺，但可能比较耗时。

A. 协作　　B. 对抗

C. 折中　　D. 迁就

289.《财富》杂志评论员文章指出，世界 500 强胜出其他公司的根本原因是（　）。

A. 这些公司的激励机制好

B. 这些公司善于给他们的企业文化注入活力

C. 这些公司的员工福利好

D. 这些公司的企业战略规划制定得详细

290. 团队角色定位分析是指分析（　）的性格特征，结合成员的技能特长，合理、高效地整合现有的人力资源，从而提高团队战斗力的过程。

A. 总体　　B. 个体

C. 整体　　D. 团队

291. 以下不属于班组民主管理中需要处理好的关系的是（　）。

A. 正确处理全局利益与局部利益的关系

B. 正确处理班组民主管理会与班组行政会的关系

C. 正确处理民主管理小组与班组民主管理会的关系

D. 正确处理员工之间的关系

292. 企业单位应遵守女职工禁忌从事的劳动范围的规定，并将属于女职工禁忌从事的劳动范围的岗位（　）告知女职工。

A. 口头　　B. 书面

C. 正式　　D. 无须

293. 班组长在组织管理素质方面要有一定的口头表达能力和（　）。

A. 动手能力　　B. 写作能力

C. 政治能力　　D. 管理能力

294. 有效地与他人共事的能力是指领导者的（　）。

A. 人际技能　　　　B. 技术技能

C. 知识技能　　　　D. 概念技能

295. 班组民主管理的最基本特点是（　）。

A. 主体性　　　　B. 全员性

C. 直接性　　　　D. 渗透性

296. 下列对骨干员工与班组长岗位职责区别的描述，不正确的是（　）。

A. 工作对象不同，骨干员工为事，班组长为人、事

B. 评价标准相同，均以个人业绩为准

C. 职责范围不同，骨干员工为事务，班组长为团队

D. 工作技能不同，骨干员工为做事技巧，班组长为管理技巧

297. 次要的表达和强化机制的作用，不包括（　）。

A. 次要机制可以强化企业文化，但并不能创造文化

B. 随着企业趋向成熟和稳定，这些机制也会约束企业未来的领导者

C. 只有与主要机制相一致时，次要机制才能发挥作用，有助于将原来非正式的东西变得正式化；如果与主要机制不一致，则可能被忽视或者成为企业内部冲突的来源

D. 一定程度下，次要机制所起的作用会成为主流，引导主要机制

298. 如果有一名新入厂的员工工作热情饱满，进步明显，你将（　）。

A. 表扬他的成绩，询问他打算如何进一步提高

B. 不加干涉，相信他不断能够提高自己的绩效

C. 指导他采取正确的工作方法和工作程序

D. 表扬他已取得的成绩，并告诉他如何进一步提高自己的工作成绩

299.（　）是向人们提供某种信息（如表明安全设施场所等）的图形标志。

A. 警告标志　　B. 禁止标志

C. 指令标志　　D. 提示标志

300. 班组长有意识地进行角色示范及指导中采用的“四阶段指导法”，在示范说明的时候不需要（　）。

A. 将主要步骤逐个给员工示范讲解

B. 强调重点耐心指导

C. 指明可以向谁请教，引导员工提问

D. 和蔼、清楚、有条理、易理解

301. 企业工会应当组织职工依法开展企业（　），维护职工合法权益。

A. 职工管理　　B. 民主管理

C. 制度管理　　D. 安全管理

302. 培养团队的要点，注重团队的（ ）教育和常识培训。

A. 精神 B. 安全

C. 质量

303. 通过标准化班组的创建，实现“三个提升”，即实现（ ）水平提升、设备质量标准化水平提升、队伍素质标准化水平提升。

A. 班组管理 B. 安全标准化管理

C. 质量攻关 D. 民主管理

304. 班组管理内容没有（ ），但是把它渗透到了其他管理中。

A. 科学技术管理 B. 安全管理

C. 质量管理 D. 劳动管理

305. 高绩效班组团队制胜的五大关键，不包含（ ）。

A. 选对人 B. 定目标

C. 重指导 D. 多激励

306. 在班组长选用上要体现优胜劣汰、（ ）管理。

A. 动态 B. 静态

C. 周期 D. 循环

307. 企业文化的三层结构是指（ ）。

A. 高管的领导力、中层的协调能力、基层的执行力

B. 对外的形象、内部的控制、深邃的哲理

C. 卓越的领导、高效的中层、充满活力的员工队伍

D. 内部策划、中间协调、对外的表象

308. 关于班组长对待企业使命的策略，最恰当的是（ ）。

A. 无条件接受

B. 事不关己，高高挂起

C. 自己充分理解，并把它传递给员工

D. 自己一个人承担

309. 班组里各种不同角色的工种，彼此配合和支持，形成一个有序、合理的（ ）系统环境。

A. 个体 B. 班组

C. 组织 D. 总体

310. 关于管理幅度、管理层次与组织规模三者的关系，表述正确的是（ ）。

A. 管理幅度既定，管理层次与组织规模成反比

B. 管理幅度既定，管理层次与组织规模成正比

C. 组织规模既定，管理层次与管理幅度成正比

D. 管理层次既定，管理幅度与组织规模成反比

311. 俗话说："你可以把牛拉到水边，但无法强迫它喝水。"这句话如果用来理解激励在企业管理中的特点，指的是若想使（ ），需要首先创造满足班组员工各种需求的条件，使得员工的行为与企业目标一致。

A. 班组目标实现

B. 员工个人目标实现

C. 组织目标实现

312. 俗话说："你可以把牛拉到水边，但无法强迫它喝水。"这句话表明凡是动物都有其（ ）。

A. 主观意愿　　B. 强制意愿

C. 组织意愿　　D. 被动意愿

313. 哥们义气型班组长的管理水平是（ ）。

A. 以对待设备的方法来对待员工，对待人都是非常苛刻的

B. 得过且过、缺乏责任心

C. 最容易感情用事，做事缺乏原则，爱讲江湖义气

D. 以上都不是

314. 人的需要从低级到高级逐级上升，最低级需要是（ ）。

A. 安全需要　　B. 生理需要

C. 尊重需要　　D. 成就需要

315. 班组（ ）制度的主要内容为：组织和发动职工参与管理、行使当家作主的权利、提高班组的经营管理水平。

A. 政治管理　　B. 民主管理

C. 作业管理　　D. 现场管理

316. 不属于作业日报管理的是（ ）。

A. 作业日报的不常见问题

B. 作业日报的设计要求

C. 作业日报的填写

D. 作业日报的整合管理

317. 以建设（　）的现代化企业班组为目标。

A. 岗位有职责、作业有程序、操作有标准、过程有记录、绩效有考核、改进有保障

B. 岗位有职责、作业有程序、操作有标准、过程有记录、改进有保障

C. 作业有程序、操作有标准、过程有记录、绩效有考核、改进有保障

D. 岗位有职责、作业有程序、操作有标准、过程有记录、绩效有考核

318. 班组长要注意用“行动”去昭示班组职工，（　）激励效果最差。

A. 边说边做　　B. 说了不做

C. 做了不说　　D. 做了再说

319. 2020 年 6 月 1 日，某企业与 2007 年出生的小王订立了劳动合同，该合同应被确认为（ ）。

A. 无效的　　B. 有效的

C. 合法的　　D. 平等的

320. 以下不属于班组民主管理特征的是（　）。

A. 基础性　　B. 全员性

C. 间接性　　D. 渗透性

321. 劳动纪律主要包括组织纪律、生产技术纪律和（　）纪律。

A. 教育　　B. 工时

C. 检查　　D. 作业

322. 不符合班组民主管理的公开原则的是（　）。

A. 定期公布班组财务状况

B. 公开选举班组长

C. 对员工的奖惩情况保密

D. 公开班组工作计划和完成情况

323. 班组民主管理要求班组长在决策时应该（　）。

A 只考虑自己的意见

B. 只听取班组成员中部分人的意见

C. 听取并综合考虑全班组成员的意见

D. 只听取上级领导的意见

324. 关于班组民主管理，以下说法错误的是（　）。

A. 班组民主管理有助于提高员工的工作积极性

B. 班组民主管理只适用于大型企业

C. 班组民主管理能够促进班组内部的和谐氛围

D. 班组民主管理有助于提升班组的整体绩效

325. 在班组民主管理中，不是班组长重要职责的是（　）。

A. 组织班会

B. 制订班组工作计划

C. 独断专行，不听取员工意见

D. 促进员工间的沟通与协作

326. 班组人员管理的主要内容包括班组人员的（　　）和薪酬分配。

A. 培训　　B. 日常事务管理

C. 绩效考评　　D. 以上都是

多项选择题

1. 成功班组长可分为“苦干型”（　）等。

A.“严管型”　　B.“经验型”

C.“能力型”　　D.“劳动模范型”

2. 班组长应（　），以提高班组成员对工厂制度和规则的执行力。

A. 在工程观察时指摘不安全的行为并进行指导

B. 进行安全品质的教育

C. 仅在新员工教育时说明一次

D. 根据要领书进行训练指导

E. 一年集中培训一次就可以

3. 基础管理类隐患包括生产经营单位资质证照、安全生产管理机构及人员、安全生产责任制、安全生产管理制度、教育培训、（　）方面存在的问题或缺陷。

A. 安全生产管理档案　　B. 安全生产投入

C. 应急管理　　D. 职业卫生基础管理

4. 下列属于建设班组安全文化的工具的是（　）。

A. 行政手段　　B. 安全卫生工具

C. 安全信息处理与控制工具　　D. 安全评比会

5. 班组安全文化制度建设包括（　）。

A. 安全文化宣传制度　　B. 安全文化教育制度

C. 岗位安全生产职责制度　　D. 班组安全生产技术规程制度

E. 岗位安全规范制度　　F. 班组安全性评价标准制度

6. 班组工人管理员的设置应根据班组规模而定，较大的班组根据需要可设（　）和生活卫生员。

A. 政治宣传员　　B. 安全质量员

C. 经济核算员　　D. 工具材料保管员

7. 班组规范化管理中的“五按”是（　）。

A. 按程序、按路线　　B. 按时间、按标准

C. 按指令操作　　D. 按当时的心情与管理对象

8. 班组控制就像一根链条，它的运作表现为一个过程。这个过程一般包括（　）。

A. 根据计划确定控制标准

B. 按照标准衡量工作的执行情况

C. 围绕执行结果分析原因

D. 及时纠正执行过程中与计划的偏离和计划本身的误差

9. 李班长发觉自己在授权的过程中显现了问题，一名职员在完成工作的过程中使项目进展偏离了正常的轨道，在如此的情形下，李班长应该做的是（　）。

A. 连续信任和关注该职员

B. 把授予的权力收回

C. 制定一份双方一致同意的行动打算

D. 为职员提供必要的支持

10. 在管理班组时，班组长应避免（　）错误。

A. 把自己当民意代表　　B. 把自己当班组领主

C. 把自己当一般人　　D. 把自己当老好人

11. 班组事务公开的考核应该纳入（　）的各项综合考核中。

A. 个人　　B. 班组

C. 车间　　D. 企业

12. 班组中的人本管理的特征包括（　）。

A. 班组的编组结构常常具有弹性，以适应工作内容丰富化和成员自我管理的需要

B. 班组成员参与班组的领导和管理

C. 班组的主要作业任务由各成员的协作精神来推动

D. 以明确的责任为前提，实施班组授权

E. 引导班组成员自我管理

F. 追求班组自我管理

13. 下列对班组长的概述正确的是（　）。

A. 一线战斗的直接组织者和指挥者

B. 班组的主心骨、带头人

C. 主管人员命令和决定的执行者

D. 企业的代言人

14. 班组管理的基础工作有（　）。

A. 班组标准化工作　　B. 班组定额工作

C. 班组原始记录　　D. 班组计量工作

E. 班组信息工作　　F. 班组规章制度

15. 班组的组织建设主要指（　）。

A. 班组长的选配　　B. 班组核心的形成

C. 提高班组的生产效率　　D. 科学合理的制度

16.（　）属于班组建设中普遍适用的七大机制。

A. 班组“赛马”机制　　B. 班组荣誉机制

C. 班组私藏机制　　D. 班组轮值机制

17. 班组核心主文化理念系统主要包括（　）。

A. 班组口号——班组核心理念的表达

B. 班组使命——班组“为什么而存在”的根本思考

C. 班组宗旨——班组如何实现使命的根本主张

D. 班组目标——班组实现使命的愿景和梦想

E. 班组精神——班组走向卓越的精神支柱

18. 班组文化理念系统可通过（　）来建立。

A. 班组口号　　B. 班组使命和宗旨

C. 班组敌人　　D. 班组哲学和价值观

19. 班组管理的特点包括（　）。

A. 班组管理是人人参与的管理，是企业全员管理的实施基础

B. 班组是企业生产经营活动的基本环节，是企业管理活动的最终落脚点

C. 班组管理在整个企业管理结构中属于执行层，是管理链条

中的实施终端

D. 班组管理既包括对事的管理，也包括对人的管理

20. 班组文化的基本表现形式主要包括（ ）。

A. 班组理念塑造　　B. 班组行为建设

C. 班组质量管理　　D. 班组人员管理

21. 在班组领导工作中，正确表达思想、传递信息会使工作效率翻倍，下述建议中有效的传达包括（ ）。

A. 班组长必须了解员工的态度和兴趣，采用员工易于接受的方式表达自己的想法

B. 班组长尽量避免使用深奥的词汇，使语义简单明确，直截了当

C. 班组长应该言行一致

D. 班组长应注意反馈验证，确定信息是否被员工正确接受

22. 文化植入可以确保新成员适应企业文化的机制，主要的文化植入机制有（ ）。

A. 班组长需要定期关注、检测和控制问题

B. 班组长如何分配资源

C. 班组长不进行角色示范、讲授或指导

D. 班组长如何分配奖酬和职位

23. 以下关于班组团队文化塑造策略的说法，正确的是（ ）。

A. 班组长须保证全部班组成员明确班组目标

B. 班组长要提高自己的领导能力，加强班组的凝聚力

C. 班组长要及时修正班组不良文化，引导班组健康发展

D. 塑造班组成员的责任心、事业心，激发职员上进

24. 班组事务公开的内容有（ ）。

A. 班组生产任务及其进展情况

B. 班组职工工资和奖金收入及分配情况

C. 评先选优的组织方式、选举办法及选举名单等情况

D. 关于节能及材料和备品使用情况

E. 互助金的使用、困难职工救济情况

F. 民主评议班组长、工会组长及工管员的情况

25. 团队概念可用于（ ）。

A. 班组进行团队建设时

B. 班组组织成员进行项目攻关时

C. 班组组织成员进行技术攻关时

D. 企业对班组长培训时

26. 班组长可以将 ERG 理论应用于（ ）。

A. 帮助思考“员工为什么工作”“员工需要什么样的工作环境”“怎样提高员工工作积极性”等问题

B. 帮助了解员工当前的主要需要是什么，根据这些需要如何安排工作和进行人力资源管理

C. 帮助提出切实可行的行动方案，改善管理，激励员工

D. 以上都不是

27. 管理实践中，管理者应该在明确班组管理的特点的基础上，着眼于（ ）。

A. 执行生产计划时，合理地组织生产，保证生产顺利进行

B. 保证生产的安全，努力改善劳动条件，消除不安全因素，防止伤亡事故的发生，保证职工的人身安全和国家财产免受不必要的损失

C. 推行全面质量管理和开展质量管理小组活动

D. 加强班组文化建设，形成班组长优良的工作秩序和良好的人际关系

28. 8D 又称团队导向问题解决方法、8D 问题求解法（Eight Disciplines Problem Solving），是（ ）。

A. 福特公司处理问题的一种方法

B. 标准化的问题解决步骤

C. 风险控制的方法

D. 识别风险的方法

29. 班组民主管理建设要进一步完善班务公开、民主生活会、对话会等民主管理形式，保障班组成员的（ ）以及教育培训、职业健康等权利，维护女工特殊权益，保护职工工作积极性。

A. 知情权　　B. 参与权

C. 民主权　　D. 监督权

30. 企业应当尊重和保障职工依法享有的（ ）等民主权利，支持职工参加企业管理活动。

A. 知情权
B. 参与权
C. 表达权
D. 监督权

31. 共同愿景有（ ）。

A. 导向作用
B. 测试作用
C. 凝聚作用
D. 激励作用
E. 规范作用

32. 班组也像人一样，必须通过班组文化来展现其特定的（ ）等。

A. 性格
B. 层次
C. 思想
D. 精神内涵

33. 班组成员的任务指标一般包括（ ）。

A. 产品类型指标
B. 产品质量指标
C. 效率量化指标
D. 团队产值指标

34. 企业新职工必须进行的三级教育是指（ ）。

A. 厂级安全教育
B. 车间级安全教育
C. 科室级安全教育
D. 班组级安全教育

35. 团队发展的主要阶段有（ ）。

A. 形成期
B. 成熟期
C. 动荡期
D. 规范期
E. 成长期

36. 群体有（　）的特征。

A. 成员相互依赖　　B. 成员行为相互作用

C. 成员彼此间有共同的目标　　D. 成员间有不同的需求

37. 下列选项中属于“三种公平”的是（　）。

A. 分配公平　　B. 程序公平

C. 人格公平　　D. 相互作用的公平

38. 五型班组包括技能型、安全型、（　）。

A. 效益型　　B. 创新型

C. 奋斗型　　D. 和谐型

39. 班组要防止不利的非正式群体的形成，具体做法有（　）。

A. 加强民主管理　　B. 促进正式人际沟通

C. 加强党小组等组织建设　　D. 认可、帮助一些圈子活动

40. 阿米巴经营能给我们企业带来的好处是（　）。

A. 培养人才　　B. 打破部门之间的壁垒

C. 实现有效授权　　D. 形成自运行机制

41. 核心价值观说明组织（　）等问题。

A. 完成计划的措施　　B. 代表什么

C. 处事的原则是什么　　D. 要实现什么

42. 以下关于解决矛盾的方法，能为班组长所用的是（　）。

A. 有些由于彼此价值观方面差异造成的矛盾，一时难以和谐，那就要让双方尊重对方观点的合理性，查找共同的方

面，在进展中逐步扩大共同方面

B. 当冲突双方都在气头上时，班组长能够先做“冷处理”，然后等待适当时机，协商解决

C. 仲裁解决法，班组长作为仲裁者要具有权威性，秉公办事，不可有偏心

D. 一个巴掌拍不响，既然有矛盾，确信双方都有问题，各打五十大板

43. 管理过程包括计划、（　）和控制人员与活动。

A. 组织　　B. 调动

C. 领导　　D. 检查

44. 关于领导方式的说法正确的是（　）。

A. 不是任何情况下都可采用“参与”方式，只有当上下级水平基本相当时，采用此种方式，效果才最好

B. 对班组长而言，“参与”是最好的领导方式，因为它可激发班组成员的责任感

C. 领导方式本身没有优劣好坏之分

D. 领导者采取何种方式，要根据领导者、被领导者、工作任务等因素而定

45. 班组人才培养中个人培训管理要点包括（　）。

A. 在班组内选拔培养表现优秀、有潜力及富有上进心的员工

B. 对骨干员工可采取“四一”培养方式，即每季度“一对一

提升指导”“一次工作提案”“一次集中培训”“一次座谈”

C. 培养应注意采用在岗实践，将学习与实际应用相结合

D. 明确培养周期及考察期

E. 根据培养效果对员工进行激励，可将绩效评价、晋升等作为参考内容

F. 根据员工发展的需要采取轮换岗位等方式，以丰富其知识和技能

46. 塑造团队精神的意义是（ ）。

A. 有助于形成团队导向，让团队成员思想、行动与整个团队的发展方向相一致

B. 对团队成员形成约束，包括思想、心理、行为的约束和规范，使组织成员能够自我控制

C. 有助于凝聚团队功能，一方面，团队成员集体创造群体意识，拥有“集体荣誉感”；另一方面，团队成员对外有一定的排外性，因而形成“命运共同体”

D. 有助于组织成员把精力持续集中在可实现的结果上，从而使在完成近期目标的同时完成组织的愿景、价值和使命

E. 有利于形成组织的激励，它不是通过一种外在的推动，而是通过一种内在的引导，使团队成员从内心深处自觉产生为团队拼搏和献身的精神，形成持久的驱动力

F. 有助于组织内明确建设性的冲突，并化解冲突，使大家的

行为一致

47. 在班组安全文化活动诊断时，通常采用的方法有（　）。

A. 现场直接观察　B. 对资料的调查分析

C. 座谈了解　D. 民意测验

48. 做好班组长工作的五勤法包括：（　）、眼勤、嘴勤。

A. 脑勤　B. 耳勤

C. 手勤　D. 腿勤

49. 控制包括衡量组织成员的（　）、（　）、采取矫正措施三个步骤。

A. 工作绩效　B. 发现偏差

C. 技术技能　D. 沟通能力

50. 劳动合同的解除方式分为（　）。

A. 用人单位解除　B. 法定解除

C. 个人解除　D. 约定解除

51. 民主管理的功能有（　）。

A. 协调功能　B. 法治化功能

C. 创效功能　D. 凝聚功能

52. “金字塔”式的科层组织结构正在被打破，新的赋能组织结构正在被需求、被构建，那么企业在组织结构重组时应注意（　）。

A. 能适应未来环境

B. 反映公司战略

C. 达成高效协同

D. 最根本的原则是以客户为导向

53. 班组团队的特点包括（　）。

A. 目标为导向

B. 分裂为基础

C. 共同的规范和方法

D. 团队成员在技术或技能上形成互补

54. 员工在本单位内调整工作岗位或离岗一年以上重新上岗时，应当重新接受（　）。

A. 公司级的安全生产培训　　B. 岗位级教育

C. 处室（车间）级教育　　D. 厂（所）级教育

55. 一个企业结构里，需要（　）知识水平的人才比例，才能各尽其用，相互配合。

A. 初级　　B. 高级

C. 中级　　D. 技师

56. 班组长有意识地进行角色示范及指导中采用的“四阶段指导法”，在前期准备的时候需要（　）。

A. 放松员工的紧张心理

B. 告诉员工学习的内容与目的

C. 确定员工对该作业的掌握程度

D. 使其处于日常的位置

57. 就班组管理而言，班组长在尝试人本管理具体实践时应当注意（　）。

A. 科学合理地安排工作　　B. 给班员一个自主管理的平台

C. 建立学习机制　　D. 鼓励班组中人人成才

58. 人员问题处理的方法有（　）。

A. 明确人员岗位职责，确保每个人每天的工作开展有内容、有依据

B. 根据工艺的复杂程度和操作质量要求，明确每个岗位的人员上岗技能资格

C. 定期对人员开展培训，提升人员的责任、质量、安全、团队、成本意识，提高人员技能水平

D. 建立激励机制，激发作业人员的工作积极性

59. 人本管理思想所涉及的领域很广，覆盖了企业经营和运行过程中所有与人相关的方面，其中最为重要的应用场合有（　）。

A. 发现员工特长或优势，为其发挥自身特长和优势提供环境和条件

B. 根据员工的工作岗位给予员工合适的授权，培育员工岗位成才

C. 鼓励员工在职责范围内实现自我管理

D. 构建组织共同愿景，进行员工职业生涯规划

60. 职工代表应当以（　）等为基本选举单位由职工直接选举产生。规模较大、管理层次较多的企业的职工代表，可以由下一级职工代表大会代表选举产生。

A. 班组　　B. 工段

C. 车间　　D. 科室

61. 职工较多的班组，应成立以班组长、（　）和一定数量职工代表为核心的民主管理小组。

A. 党团小组长　　B. 工人管理员

C. 管理干部　　D. 工会小组长

62. 班组标准化工作是班组管理科学化、规范化的基础环节之一。班组标准化作业包括（　）。

A. 生产和服务标准化　　B. 工序操作标准化

C. 日常管理标准化　　D. 原始记录标准化

63. 员工开发形式包括（　）。

A. 适当工作配备　　B. 特定项目经历

C. 工作指引　　D. 教育与培训

64. 关于素养，下面说法正确的是（　）。

A. 所有的员工应遵守公司的规章制度、岗位制度

B. 工作时保持良好的习惯，如不聊天、不随意离岗、不闲坐、不带零食进入工作场所、不做与工作无关的事

C. 衣着端庄，待人接物有诚信、有礼貌，不讲粗言秽语

D. 爱护生产和生活设施、公物，节约用电、用水

65. 下级成熟度的构成要素包括（　）方面。

A. 业务水平　　B. 工作态度

C. 心理承受能力　　D. 人际关系

66. 因为有新任务，老张希望小杨接手他手中的部分工作，但他说得比较含蓄，小杨理解的意思和他想表达的意思有出入。老张把这一情况反馈给领导老丁，老丁的理解就成了：小杨没理解老张的意思，是因为他不想接这项工作，是工作态度的问题。下列关于小杨、老张、老丁的说法，正确的是（　）。

A. 老张和小杨的沟通不畅，主要责任可能在老张。他应该清晰、直截了当表达自己的想法；他采用含蓄的方式，直接造成小杨理解有障碍

B. 工作转交，公事公办，老张不直接明了表达自己的想法，说明他对工作转交的认识不够正确

C. 老张发现和小杨的沟通没有达到预期目标，没有积极想办法补救，而是直接把问题转述给老丁，说明老张的职业素养有待提升

D. 老丁听取老张的一面之词，就认定问题出在小杨身上，可见老丁的处理方式很有问题，由此可以推断他的团队一定

存在较大的问题，老丁不是一个合格的管理者

67. 在管理班组的过程中，班组长应该（ ）。

A. 公平 B. 公开

C. 公正 D. 独立

68. 巴纳德认为，作为正式组织的协作系统，都包含三个基本要素，即协作的意愿、（ ）。

A. 必要的权威 B. 共同的目标

C. 信息沟通 D. 足够的诱因

69. 学习型组织的“五项修炼”是（ ）。

A. 自我超越 B. 共同愿景

C. 团队学习 D. 系统思考

E. 改善心智模式

70. ERG 理论认为班组现场成员的需要有三类，而且可以同时存在，包括（ ）。

A. 生存需要 B. 关系需要

C. 成长需要 D. 激励需要

71. 领导高效团队的班组长应具有较强的教练技能。以下策略能够帮助班组长提高教练技能的是（ ）。

A. 了解班组职员，评估每一位职员的技能，从而帮助他们发挥最正确水平

B. 关心班组职员开发技能，“指导”而不是“告知”，激发职

员主动性和自制力

C. 让班组职员明白你对他/她有非常高的期望

D. 给予职员足够的感情支持，为职员营造一个合适的环境

72. 群体关系理论所界定的群体，是为了实现某个特定的目标，由两个或两个以上的行为相互作用、心理相互依赖的个体组合而成的人的集合体。管理者可以将群体理论用于（　）。

A. 培训　　B. 管理

C. 沟通　　D. 改善

73. 班组人员培训的主要内容有（　）。

A. 工作技能和专业知识

B. 管理技能和组织技能

C. 维护人际关系和沟通的技能

D. 维护客户关系和服务的技能

74. 领导与管理是不同的概念，主要体现在（　）。

A. 领导属于管理活动的范畴

B. 管理属于领导活动的范畴

C. 管理是维持组织正常的规则与制度

D. 领导是引导组织方向调整与机制变革

75. 班组“六有”和“六无”管理可以促进安全文化发展。下列属于“六有”的是（　）。

A. 安全有目标　　B. 管理有规章

C. 检查有记录　　　　D. 设备有缺陷

76. 下列关于权变管理理论的说法，正确的是（　）。

A. 权变管理的灵魂是指世界上没有一成不变的管理模式，领导者应根据实际情况选择最合适的管理方式

B. 管理者应根据环境的不同而及时变换自己的领导方式，但应以人为本，命令的管理方式不是好方式

C. 对文化素质高、业务能力强、工作态度好的员工，班组长可采用授权的方式进行管理

D. 对文化素质不高、积极性不高的员工，班组长可适当采用命令的方式

77. 以下说法属于高效团队特点的是（　）。

A. 清晰的目标

B. 合适的规模，合理的人员组成

C. 相互的信任

D. 内部和外部的支持

78. 下列关于培养成功班组长的基本准则，正确的是（　）。

A. 明确的目标。要做成功的班组长，首先为自己建立明确的人生目标，无论是事业目标，还是生活目标，或是信念目标

B. 合作制胜。就是要把合作作为自己成功的前提，尊重差异，设身处地站在他人的立场看问题，注重发挥团队的力量

C. 沟通无极限。善于聆听，善于表达自己，逐步将开放的沟通方式变成班组的工作语言

D. 客户在身边。成功的班组长把每一位为之服务的人都视为自己的客户，上司是自己的客户，下属是自己的客户，其他部门更是自己的客户

79. 企业单位不因女职工（　），降低其工资和福利待遇。

A. 结婚　　B. 怀孕

C. 生育　　D. 哺乳

80. 班组“六有”和“六无”管理可以促进安全文化发展。下列属于“六无”的是（　）。

A. 作业无“三违”　　B. 环境无隐患

C. 制度无缺失　　D. 教育无遗漏

81. 加强班组文化建设，可以（　）。

A. 统一员工思想认识　　B. 缓解基层员工的压力

C. 塑造充满活力的企业氛围　　D. 提高员工的工作效率

82. 对班组员工指导的时机主要有（　）。

A. 新员工入职　　B. 换岗

C. 转岗　　D. 随时

83. 为了取得好的会议效果，班组长可采取的手段有（　）。

A. 尽量增加参加会议的人员　　B. 会前给出大致的时间安排

C. 避免会前的沟通　　D. 有明确的会议目的

84. 管理者可将文体活动运用于（ ）。

A. 增长团队成员的知识和才干，发展团队成员的兴趣爱好

B. 活跃基层团队工作，增强团队的凝聚力和战斗力

C. 帮助管理者在组织内部出现不协调因素的情况下，调和化解内部矛盾，提升班组内部凝聚力

D. 锻炼团队队员的社会交往能力

85. 班组标准化管理的内容是（ ）。

A. 料　　B. 机

C. 人　　D. 环

E. 法

86. 企业文化建设中的人文基础包括（ ）。

A. 违反规则的习惯　　B. 积极向上与身心健康

C. 归属感和参与感　　D. 团队合作的习惯

87. 士气管理就是管理者以班组员工士气（ ）等工作为依托，充分尊重组织员工的个性需求，综合采取多种管理手段和方法，创造出良好的团队工作士气并实现班组目标。

A. 培训　　B. 激发

C. 调查　　D. 评估

E. 诊断

88. 班组文化建设对于促进（ ）有着至关重要的作用。

A. 企业和班组的发展　　B. 激发员工的工作潜能

C. 提升班组管理的有效性　　D. 提升班组的核心竞争力

89. 职工代表大会的代表由（　）和其他方面的职工组成。

A. 工人　　B. 技术人员

C. 管理人员　　D. 企业领导人员

90. 高绩效班组团队制胜的关键，包含（　）。

A. 重培训　　B. 绩效明

C. 多激励　　D. 选对人

91. 班组民主管理中需要注意的问题有（　）。

A. 充分发扬民主，选好工会组长

B. 建立健全班组民主管理制度

C. 班组民主管理要与班组间小家相结合

D. 班组民主管理与加强班组职工队伍建设相结合

92. 以下属于班组文化建设主要内容的是（　）。

A. 建设班组思想文化　　B. 建设班组技术文化

C. 建设班组安全文化　　D. 建设班组学习文化

93. 班组管理者可以将规章制度运用于（　）。

A. 保障班组工作科学化、规范化、有序化、人性化开展，不断提高班组管理水平

B. 健全班组管理的各种规则、程序、标准和办法，使员工在工作中有章可循，杜绝工作中不规范行为，促进班组安全文明生产，实现各项工作目标

C. 防止管理的随意性、经营性，保障员工的合法权益

D. 通过合理地设置权利、义务、责任，使员工能预测到自己的行为和努力的结果

E. 班组员工的学习与培训

94. 在管理实践中，坚持激励原则对于班组长具有重要意义，以下不是班组激励过程要遵循的原则的是（　）。

A. 因人而异　　B. 奖罚分明

C. 奖惩适度，手法统一　　D. 坚持正向激励

95. 班组是企业安全生产、文明生产的前沿阵地，对搞好（　）、职工劳动保护起着保障作用。

A. 安全生产　　B. 经营管理

C. 成本控制　　D. 环境保护

96. 班组定额管理主要应用领域有（　）。

A. 组织和优化班组生产，平衡班组劳动关系，实行计划管理，提高劳动生产率

B. 开展班组经济核算和成本管理

C. 评价员工的工作绩效，衡量员工的劳动贡献

D. 探索新的班组工作方法和管理手段

E. 开展班组员工的学习与培训

97. 班组人员培训可以采取（　）方式。

A. 听现场讲授　　B. 看录像

C. 公开讨论　　　　D. 案例点评互动

98. 创建自控型班组的目的是要管理全部环节、(　　)、建立安全网络。

A. 提高生产效率　　　　B. 控制全部要素

C. 明确纵横关系　　　　D. 加强班组团结

99. 按照法律的规定，工会组织应当组织职工参与本单位的民主管理，实行民主监督，尤其是当企业单位制定涉及职工利益的规章制度以及召开研究（　　）等问题的会议时，都应当依法通知工会的代表参加。

A. 劳动用工　　　　B. 劳动报酬

C. 劳动条件　　　　D. 社会保障

100. 企业一般都会存在（　　）的班组长。

A. 生产技术型　　　　B. 劳动模范型

C. 哥们义气型　　　　D. 盲目执行型

101. 有（　　）情形之一的，用人单位可以终止劳动合同。

A. 用人单位与孕期、产期、哺乳期女职工的劳动合同到期

B. 劳动者开始依法享受基本养老保险待遇的

C. 用人单位被依法宣告破产的

D. 用人单位决定提前解散的

102. 班组文化的作用可以归纳为（　　）。

A. 良好的班组文化有利于实现班组的共同目标

B. 良好的班组文化有利于协调好班组成员的关系

C. 良好的班组文化有利于执行文化的建立

D. 良好的班组文化是形成班组共同价值观的基础

103. 做好团队合作的四大基础包括（ ）。

A. 建立信任　　B. 良性的冲突

C. 坚定不移地行动　　D. 无怨无悔才有彼此负责

104. 推行班组民主管理，也对班组职工提出了更高的要求，必须进一步加强对班组职工的教育和培训工作，加大学习型班组建设力度，不断提高班组职工队伍素质，增强他们的责任感、使命感和行使（ ）的能力。

A. 民主管理权　　B. 民主监督权

C. 民主决策权　　D. 民主选举权

105. 老赵是班组的一名老工人了，技能水平相当高，平时不爱说话，一说话就是牢骚话，对团队的士气有很大的影响。面对这样的老工人，作为班组长，你会采取（ ）的沟通方式。

A. 了解老赵的真实想法，再想对策

B. 命令老赵今后不能在班组里发牢骚

C. 在平时多与老赵沟通，对老赵的能力表示高度评价

D. 适时对老赵的生活和工作予以关心和帮助

106. 影响部属执行力的因素是（ ）。

A. 意愿　　B. 目标

C. 能力　　D. 绩效

107. (　) 是团队的特点。

A. 所有成员都认同一个共同的目的

B. 内部成员彼此之间为达到目标而共同承担责任

C. 制定了一系列明确的绩效目标

D. 成员具有相同的技能、知识结构、爱好等

108. 无领导小组讨论的优点是（　），测评效率高。

A. 具有生动的人际互动效应

B. 能在被评价者之间产生互动

C. 讨论过程真实，易于客观评价

D. 被评价者难以掩饰自己的特点

109. 班组管理要把握（　）三个点。

A. 正确方向　　B. 凝聚力

C. 鼓舞士气　　D. 制度纪律

110. 班组安全文化建设要有清晰的思路，这样才能使班组安全文化建设具有长盛不衰的生命力，具有开拓进取的不竭动力，进而推动班组安全生产的顺利进行。如下思路可供借鉴：(　)。

A. 给予班组安全管理更大的自主权

B. 努力提高班组业务素质和管理水平

C. 建立健全班组安全活动制度

D. 把思想政治工作贯穿于安全工作过程

E. 培养和弘扬独具特色的团队精神

111. 文明职工的基本要求是（　）。

A. 模范遵守国家法律和各项纪律

B. 努力学习科学技术知识，在业务上精益求精

C. 顾客是上帝，对顾客应唯命是从

D. 对态度蛮横的顾客要以其人之道还治其人之身

112. 下列属于班组长管理过程中容易犯的错误的是（　）。

A. 事前计划不周详，事中管理执行不到位，事后检讨不改进，没制定工作目标

B. 培训和授权员工，培养骨干团队

C. 当好好先生，怕得罪人，对下属严格要求不够，不敢管理

D. 敢于管理、强加于人，简单粗暴

113. 职工教育小组工作制度包括培训计划安排、（　）。

A. 培训项目实施　　B. 培训项目管理

C. 创新培训模式　　D. 培训安全管理

114. 班组建设的途径包括（　）。

A. 完善班组各项管理制度　　B. 培养、提高班组长素质

C. 加强班组职业道德建设　　D. 加强班组思想政治工作

E. 增强班组管理的科学性　　F. 推行现代化管理方法

115. 通常情况下，大多数班组具有清晰的工作或业务边界，工作任务和工作岗位是长期固定的，在班组内部几乎不存在工作设计的空间。因此，对于多数班组长而言，塑造班组成员自我发展的工作环境的重心在改善工作组织方式和方法上。从经验角度看，班组长至少可以在（　）方面进行应用尝试。

A. 班组成员共同参与班组管理

B. 培育班组成员的团队协作精神

C. 班组工作内容丰富化

D. 班组工作中应用信息技术

116. 班组长理解企业的战略定位，应从（　）三个方面把握。

A. 企业的战略是谁制定的

B. 企业的远景和使命陈述如何

C. 企业的战略环境如何

D. 企业的战略是如何选择的

117. 次要的表达和强化机制包括（　）。

A. 组织设计与组织结构

B. 企业制度与组织程序

C. 企业的各种典礼和仪式

D. 物理空间、外观以及建筑物的设计

118. 目标的设定必须形成（　）的指标，例如班组成员每时、每天或每周要完成的工作量等。

A. 统一　　B. 清晰

C. 标准化　　D. 具体量化

119. 要让班组成员全力以赴地为实现班组目标而努力，就必须在班组中营造一种积极的、能促进班组成员活性化的班组文化。以下说法有利于形成这种文化的是（　）。

A. 公平、充分地沟通

B. 全方位的信任，班组中存在向上、向下及横向的信任

C. 为班组成员保证职业的稳固性

D. 对班组成员进行排序，决定其薪水和升职

120. 班组民主管理的特点是（　）。

A. 全员性　　B. 群众性

C. 直接性　　D. 广泛性

121. 下列关于项目负责人能力要求的说法，正确的是（　）。

A. 坚强的领导能力

B. 人才开发的能力

C. 非凡的沟通技巧和良好的人际交往能力

D. 处理压力和解决问题的能力

E. 管理时间的能力

122.（　）能促使企业员工认同企业文化。

A. 管理者以身作则最关键

B. 人人参与

C. 与基层工作者关系不大，无须太关心

D. 与日常工作结合

123. 企业研究中关于人的假设认为（　）。

A. 人是非理性的经济人

B. 人是社会需求主导的社会动物

C. 人是问题的解决者，并追求自我实现，其需求之一是迎接挑战和发挥才能

D. 人是复杂且可塑的

124. 班组长班中巡查的重点是（　）。

A. 设备运行情况　　B. 人员操作行为

C. 安全制度执行　　D. 生产现场布置

125. 下列关于班组长主要职责的说法，正确的是（　）。

A. 生产、服务管理

B. 人员管理

C. 班组长每天都在“琢磨事”

D. 班组长每天都在“琢磨人”

126. 班组文化建设有一个长期过程，需要不断强化，使班组文化逐渐内化为员工的习惯。班组文化建设一般会经历（　）。

A. 认知阶段　　B. 认同阶段

C. 习化阶段　　D. 创新阶段

127. 如果发生职工旷工离职情形，用人单位应当（　）。

A. 按劳动合同所填写的家庭地址，向其寄送解除劳动合同通知并保存好快递回执

B. 若职工失联或正常送达方式无法送达，可以登报公告

C. 到其住所当面通知，并要求其签收

D. 待其自行到单位办理离职手续

128. 掌握团队合作的原则包括（　）。

A. 平等友善　　B. 善于交流

C. 谦虚谨慎　　D. 化解矛盾

E. 善于创造　　F. 接受批评

129. 实现从管控到赋能，管理者需要做的改变包括（　）。

A. 给员工上课，让员工分享自己

B. 设置更多的角色与岗位，给员工更多成长机会

C. 授权并为员工配置资源

D. 有效沟通，陪伴成长

130. 班组长的职责主要包括（　）。

A. 事务管理　　B. 生产管理

C. 辅助上级　　D. 车间工作

131. 班组人才管理要点包括（　）。

A. 做好班前准备　　B. 生产任务分配

C. 生产现场的指挥　　D. 班组物料控制

E. 班组生产统计

132.（　）是进行班组人才建设的方法。

A. 不管方向、定位，只要出成绩就行

B. 胜任素质能力测评，找差距

C. 创建基层员工的成长地图

D. 在行动中学习，在战斗中成长

133. 有些班组成员，业务技能高，但不怎么听从安排。对于这样的员工，班组长可采取的管理方法有（　）。

A. 制定奖惩措施，将工作的是否服从与奖金的奖罚挂钩

B. 时常让其起带头作用

C. 设定目标，不断激励

D. 当员工认真配合班组长布置的工作时，适时对其表示感谢，让其感到被肯定、被尊重

134. 班务公开应遵循（　），凡法规和上级要求让职工知情、参与决定和监督的事项，都应公开。

A. 共同负责的原则　　B. 实事求是的原则

C. 简便易行的原则　　D. 依法办事的原则

135. 任何一个组织管理的过程中，激励或激励因素可以说无处不在，班组管理者应（　）。

A. 理解班组成员的需要和动机

B. 实现班组集体目标

C. 增强班组凝聚力

D. 塑造班组行为模式

136. 班组长在处理人际关系中，应掌握多种方式和方法，其中主要包括（ ）。

A. 根据班组实际状态采取切实可行的方式处理

B. 使用统一的办法与班员进行交流

C. 根据不同的环境因素采取灵活的方式

D. 应高度重视班员的情感因素，关心、关注并关怀班员

137. KYT 实施推进方法包括（ ）。

A. KYT 试点期　　B. 试用期

C. KYT 展开期　　D. 自主管理期

138.（ ）不是区别管理职位和非管理职位的标志。

A. 工资金额的多少

B. 是否协调他人的工作

C. 是否从市场拉来更多业务

D. 是否拥有核心技术技能

139. 职业道德的本质（ ）。

A. 是社会经济关系所决定的社会意识形态

B. 是职业活动对职业行为的道德要求，与职业活动的要求密切相关

C. 是调节职业活动形成的各种职业关系的手段

D. 是经济基础反映上层建筑

140.（　）属于班组长应具备能力。

A. 扎实的专业技术能力　　B. 熟练的问题解决能力

C. 卓越的组织授权能力　　D. 良好的激励减压能力

141. 团队激励一般包括（　）。

A. 班组长以身作则的工作态度和积极的工作热情直接影响着一起工作的员工

B. 树立班组共同目标，让团队的每一位成员都知道该朝哪个方向努力。员工需要了解自己要努力达到的目标是什么

C. 坚持是实现目标的重要因素，应在不同的阶段不断激励和推动目标达成

D. 激励需要认可，员工认为得到班组长的认可很重要，必须明朗、公开和迅速地给予承认与激励

142. 爱岗敬业的基本要求表现在（　）。

A. 公私分明，不谋私利　　B. 树立强烈的事业心和责任感

C. 热爱本职，扎实工作　　D. 忠于职守，尽职尽责

143. 对从事影响产品要求符合性工作的人员，其能力考核从（　）方面进行评定，以确保其是能够胜任的。

A. 所受教育　　B. 所需培训

C. 所需技能　　D. 工作经历

E. 职位的高低

144. 职业道德促进个体发展的功能集中体现在（　）。

A. 它是个体人格素质的重要组成部分

B. 它是个体实现人生价值的重要保证

C. 它是个体心理素质的核心内容

D. 它是个体维护自身权益的根本保障

145. 下列关于班组建设的说法，正确的是（　）。

A. 创新理念，学习借鉴先进管理思想和技术，顺应班组建设时代要求

B. 提升素质，畅通职业发展通道，构建班组职工成长平台

C. 激发活力，尊重班组员工首创精神，挖掘班组自主管理潜能

D. 传承精神，建设优秀班组文化，打造和谐敬业班组团队

146. 对班组成员的培训重点是培训（　）。

A. 技能　B. 听话

C. 态度　D. 知识

147. 文件是信息及其承载的媒体，下列（　）属于文件范畴。

A. 记录　B. 图样

C. 标准　D. 规范

E. 报告

148. 设定团队目标的要素有（　）。

A. 企业经营理念　B. 团队阶段目标

C. 实现目标方法　D. 控制进度方法

149. 群体成员的行为受到群体行为规范的影响。在班组群体中，可行的行为规范有（　）。

A. 绩效　B. 外观

C. 社会交往　D. 资源分配

150. 在班组基础管理工作中有效地开展计量工作，需要从（　）方面着手。

A. 建立计量管理制度

B. 完善计量检测记录和档案

C. 合理配置计量设施和计量人员

D. 认真组织检定

E. 强化计量数据管理

151. 下列属于违反劳动纪律的行为是（　）。

A. 迟到、早退、不服从工作安排，经教育帮助不改的

B. 违反考勤管理相关要求，不按要求办理请销假手续或不提交规定材料的

C. 擅离职守或不服从调度和指挥，造成安全生产事故的

D. 利用病事假或在医疗期内，本人或为他人从事生产经营服务活动的

152. 在组建团队时应考虑（　）等基本要素。

A. 互补的技能　B. 为了共同的目的和业绩目标

C. 使用共同的方法　D. 相互承担责任

153. 班组管理需要走（　）路线。

A. 科学　　B. 务实

C. 高效　　D. 个性

154. 班组长的管理对象主要包括人、（　）和时间等。

A. 财　　B. 物

C. 信息　　D. 设备

155. 班组长应具备（　）。

A. 问题意识　　B. 现场意识

C. 主导意识　　D. 服务意识

156. 高效团队的特征包括（　）。

A. 不清晰的目标　　B. 相关的技能

C. 相互的信任　　D. 一致的承诺、良好的沟通

157. 职工有（　）情形之一的，可以按照国家规定享受生育津贴。

A. 女职工生育享受产假　　B. 享受计划生育手术休假

C. 女职工产前检查　　D. 女职工怀孕期间

158. 小马刚由骨干职员转任班组长，他对班组一个新调进的职员小王很是无奈，每当分配任务时，小王总是十分积极，但拿到任务后，总是不断向小马强调各种困难，“那个报告没法写”“那个客户不可理喻”等。小马试图培养小王的业务技能，但一些简单的问题，别人教一次能把握的，到了小王那

里，教过两三次，依旧说“太难了，没把握”。每次分给小王的工作，小马都要重新加工，还不如自己做来得快。两个多月过去了，小马觉得自己要崩溃了，给领导反映，大倒苦水，认为小王工作态度有问题，请领导支着儿。又两个多月过去了，小王的状况依旧没有改变，小马没有方法，但他不好意思再向领导反映了，他觉得这是埋怨，他不喜欢。他决定改变策略只把跑腿的活儿分给小王去做。以下关于小马及其领导的说法，正确的是（　）。

A. 小马能主动培训职员的业务技能，说明他对班组长的岗位职责有一定的认识

B. 小马应该连续向领导反映情形，直到领导解决这一问题为止

C. 小马向领导抱怨，请领导支着儿，是承认自己没有能力处理小王给他带来的难题

D. 小马应该和小王开诚布公地面谈一次，并将面谈情形写成报告，汇报给领导。假如小王依旧没有改进，能够汇报给领导，对小王辞退或者放任自流，由组织决定

159. 小马刚由骨干职员转任班组长，他对班组一个新调进的职员小王很是无奈，每当分配任务时，小王总是十分积极，但拿到任务后，总是不断向小马强调各种困难，“那个报告没法写”“那个客户不可理喻”等。小马试图培养小王的业务技

能，但一些简单的问题，别人教一次能把握的，到了小王那里，教过两三次，依旧说“太难了，没把握”。每次分给小王的工作，小马都要重新加工，还不如自己做来得快。两个多月过去了，小马觉得自己要崩溃了，给领导反映，大倒苦水，认为小王工作态度有问题，请领导支着儿。又两个多月过去了，小王的状况依旧没有改变，小马没有方法，但他不好意思再向领导反映了，他觉得这是埋怨，他不喜欢。他决定改变策略只把跑腿的活儿分给小王去做。以下关于埋怨这一职场现象的说法，正确的是（　　）。

A. 埋怨，从某种程度上说，是承认自己没有能力解决遇到的问题

B. 小王的埋怨，从某种程度上说，是缺乏责任心、能动性太差所致，是工作态度有问题

C. 别人教一遍能把握，小王教两三遍依旧觉得太难，说明他人比较笨

D. 每次分任务时，小王都十分积极，说明他有上进心，能动性也比较高

160. 打造班组团队文化，班组长应（　　）。

A. 排除不安全因素，给职员归属感

B. 协助职员为其制定职业进展规划，并建立实施保证

C. 建立职员教育培训规划

D. 充分尊重职员的合理意见与建议，并协助事实上实现

161. 在设置岗位时，班组长应遵循（ ）。

A. 因事设岗原则 B. 协作分工原则

C. 最少岗位原则 D. 上级导向原则

162. 班组的学习建设核心思路包括（ ）。

A. 学习安排随意化 B. 学习内容综合化

C. 活动形式多样化 D. 学习活动日常化

163. 班组长要严控台账管理的过程，“严”是（ ）。

A. 严格要求 B. 严格管理

C. 严格执行 D. 严格奖惩

164. 劳动管理主要内容包括（ ）。

A. 在定员编制范围内，实行合理分工，不断改善班组劳动组织

B. 严格执行劳动定额，按定额组织生产并完成各项生产任务

C. 不断改进生产操作，提高劳动生产率

D. 严格遵守工作制度，不得违章违纪

E. 正确执行奖惩制度，调动全班人员的积极性，确保生产任务和各项经济技术指标顺利完成

F. 认真做好劳动记录和统计工作，抓好劳动考核

165.（ ）的劳动者，用人单位可以解除劳动合同。

A. 在试用期间被证明不符合录用条件的

B. 严重违反用人单位的规章制度的

C. 严重失职，营私舞弊，给用人单位造成重大损害的

D. 劳动者同时与其他用人单位建立劳动关系，对完成本单位的工作任务造成严重影响，或者经用人单位提出，拒不改正的

166. 女职工劳动权益受到侵害时，(　　) 是合法的维权途径。

A. 向工会及工会女职工组织寻求帮助

B. 要求有关主管部门处理

C. 向人民法院提起诉讼

D. 向所在单位和地方的劳动调解委员会和劳动争议仲裁委员会申请调解和仲裁

167. 班组愿景在应用时应注意 (　　)。

A. 班组长对班组建设工作要有一个长远的规划，并配合相应的时间节点明确一定时期内的共同愿景，结合班组成员心中树立的景象，培养出正确的共同语言

B. 要在适当的时间，用适当的方法，刺激班组成员的神经，不要在环境发生变化或者发生事故时再亡羊补牢，要让班组成员始终保持最佳的工作状态

C. 整体图像的塑造是团队合作完成的，每个班组成员心中的图像只是更加丰富了整体图像，所以要加强培育团队精

神，才能更好地贯彻共同语言，塑造整体图像

D. 形成制度的共同语言会更有指导性和约束性，这是为塑造整体图像做强有力的支撑

168. 班组要积极开展（　）指标竞赛等活动，鼓励班组成员参加各类技能竞赛，定期开展质量考核评比和服务满意度测评，提升班组成员的技能水平和服务水平。

A. 技术比武　　B. 业务学习

C. 岗位练兵　　D. 技能培训

169. 职工代表应当履行（　）义务。

A. 遵守法律法规、企业规章制度，提高自身素质，积极参与企业民主管理

B. 依法履行职工代表职责，听取职工对企业生产经营管理等方面的意见和建议，以及涉及职工切身利益问题的意见和要求，并客观真实地向企业反映

C. 参加企业职工代表大会组织的各项活动，执行职工代表大会通过的决议，完成职工代表大会交办的工作

D. 向选举单位的职工报告参加职工代表大会活动和履行职责情况，接受职工的评议和监督

170. 班组层面的人本管理应遵循（　）准则。

A. 个性化发展准则　　B. 引导性管理准则

C. 环境创设准则　　D. 人与组织共同成长准则

171. 职业道德的社会功能具体表现在（　）。

A. 维护正常的职业活动　　B. 影响社会道德风尚

C. 促进经济建设　　D. 促使人们自我完善

172. 把握成就“卓越团队成员”的原则包括（　）。

A. 每个人都很重要　　B. 永远不要和他人对峙

C. 互相鼓励、相互激励　　D. 认可每个员工

E. 不自作主张

173. 良好的班组文化的作用可以归纳为（　）。

A. 有利于实现班组的共同目标

B. 有利于协调好班组成员的关系

C. 有利于执行文化的建立

D. 是形成班组共同价值观的基础

174. 班组管理者在沟通的管理实践中，要关心员工，帮助他们解决实际问题，建立良好的人际关系。以下做法正确的是（　）。

A. 班组长应该清晰认识到，沟通的目的是要根据员工的状态找到问题的原因

B. 有些员工会寻求班组长的帮助，有些员工需要班组长主动去帮助

C. 激发员工讲真话的愿望

D. 注意沟通和交流的技巧

175. 属于企业文化传播主体的是（　）。

A. 企业家　　B. 员工

C. 企业先进模范人物　　D. 管理者

176. 用人单位严格执行国家有关女职工特殊劳动保护的法律法规，对在（　）的女职工给予特殊保护。

A. 经期　　B. 孕期

C. 产期　　D. 哺乳期

177. 下列对文化的特征描述正确的是（　）。

A. 一种具有影响力的背景结构，以多种方式对人们施加影响

B. 在我们与他人间的互动中不断地再现和创造，并被我们自身的行为所塑造

C. 不具有稳定性，提供了“社会秩序”和“行为规则”的基础

D. 当我们有权力塑造他人的行为和价值观时，那就是“领导力”的表现，领导力是创造、形成新的文化的条件

178. 张强粗心马虎，往往到最后工作也完成不了，马班长只能自己挤出时间来完成工作。马班长与张强就此问题沟通过很多次，张强每次都承认错误、答应改正，可是过几天还是会老样子。面对这样的员工，马班长可以采取的办法是（　）。

A. 给张强布置工作时要明确、清晰、限期，并明确奖惩

B. 张强的工作完成程度需要与绩效考核挂钩

C. 安排其他组员帮助张强完成工作

D. 若确定是工作态度问题，而张强本人又不思改进，马班长可将其反映给人事部门，辞退或放任自流，由组织决定

179. 通常情况下，班组培训是非脱产的在岗培训，在企业实践中被认为是一种非正规培训，但却更普遍、更经常。随着“学习型班组”的大力倡导，班组培训正在许多大中型企业中广泛深入地开展，并逐步形成了具有自身特色的班组培训制度。班组培训应重点注意（　）。

A. 妥善考虑培训方式　　B. 正确选择培训内容

C. 分类培训班组员工　　D. 进行培训效果评估

180. 管理和领导活动中，沟通常常带有具体的目的，主要包括（　）。

A. 分解目标任务　　B. 执行目标任务

C. 团结班组成员　　D. 排解成员压力

181. 对上级政策、要求执行不力的情况通常有（　）。

A. 执行态度不力，班组员工在执行工作任务的过程中不认真、不努力、缺乏责任心

B. 执行速度不力，计划在执行中经常被延误，有些工作甚至不了了之，影响了计划的执行速度

C. 执行力度不力，制定的一些政策措施在执行过程中力度越来越小，离工作目标也越来越远，许多工作通常是虎头

蛇尾，没有成效

D. 员工积极工作，深挖最大潜能

182. 班组管理是企业管理的基石，企业管理的基本内容多数在班组管理中有所体现。概括而言，以下属于班组管理的特点有（　）；多元性，管事和人，其多样性决定了班组管理的多元性。

A. 群众性，人人参与的管理

B. 直接性，企业管理活动的最终落脚点

C. 具体性，企业管理链条中的实施终端，一切管理行为都须是实在、具体、针对性强的

D. 以上都不是

183. 下列关于职业道德的表述，正确的有（　）。

A. 职业道德的形成与发展是社会分工的必然结果

B. 职业道德是一般社会道德的特殊表现

C. 职业道德的调节作用具有普遍性

D. 职业道德具有明确的规范性

184. 职业道德主要体现在（　）方面。

A. 职业理想　　B. 职业态度

C. 职业义务　　D. 纪律

185. 以下说法有助于班组长提升职业道德的是（　）。

A. 在实践中多摸索、多总结，逐步增强岗位意识、遵守岗

位规范

B. 只要熟读牢记班组长职业道德规范，就能提高职业道德

C. 在岗位工作中强化，将职业道德要求内化为信念、外化为行为

D. 明白、把握班组长应具备的职业道德，学以致用，做到学做结合，知行统一

186. 团队素养提升需要（　）三大高手。

A. 技能高手　　B. 指责高手

C. 被指责高手　　D. 感受高手

187. 为减少不必要的管理流程，班组长要做到（　）。

A. 班组内成员应建立职务意识

B. 制定工作程序、工作标准规范、工作方法

C. 制订工作计划与目标

D. 建立畅通的沟通渠道，培养职员的沟通技巧

188. 班组精益人才培训体系的步骤包括（　）。

A. 进行培训需求分析　　B. 制度培训计划

C. 设计培训课程　　D. 实施培训

E. 培训效果评估

189. 根据企业组织层级的不同，管理者可以被区分为高层、中层和基层领导者，关于管理者说法正确的是（　）。

A. 高层关心的问题是“是否上马，什么时候上马”

B. 中层关心的问题是“怎样上马”

C. 基层关心的问题是“什么时候上马”

D. 基层关心的问题是“怎样干好”

190. 企业文化由（　）三部分构成。

A. 基础部分　B. 主体部分

C. 内在部分　D. 外在部分

191. 确认问题点的原则是（　）。

A. 追根溯源，一查到底　B. 注意问题点的相对性

C. 双方无须确认　D. 力求双方确认

192. 下列属于企业文化维度的是（　）。

A. 固守成见　B. 注重细节、结果取向

C. 人际导向、团队导向　D. 进取性、稳定性

193. 团队有多种类型，但常见的有（　）。

A. 问题解决型团队　B. 自我管理型团队

C. 多功能型团队　D. 学习型团队

194. 岗位自控是指自控型职工具备（　）能力，胜任岗位工作。

A. 自我管理　B. 自我学习

C. 自我完善　D. 自我控制

195. 班组长应明确了解生产车间总体规划，并通过分析了解车间的（　）是否存在差异性，以及预防措施是什么，这些都是在设定目标前应重点考虑的。

A. 规划方向　　B. 总体产能指标

C. 产品质量指标　　D. 安全指标

196. 班（组）长是班组安全互保的第一责任人，要加强作业现场的巡视，及时纠正、制止工作中的“三违”现象，在安全互保中负有（　）责任。

A. 第一　　B. 组织

C. 管理　　D. 领导

197. 民主管理主要通过（　）来发动职工民主参与企业经济活动和管理活动。

A. 工会代表　　B. 组织

C. 企业　　D. 班组

198. “兵头将尾”的班组长既是一线战斗的直接组织者和指挥者，上级指示和决定的执行者，班组的主心骨、带头人，也是上级和作业人员之间的桥梁。你认为作为一名班组长需要具备（　）。

A. 专业技术技能　　B. 组织授权的能力

C. 交流倾听的能力　　D. 指导培养员工的能力

199. 素养的“三守”原则是（　）。

A. 遵守规定　　B. 遵守纪律

C. 遵守法律　　D. 遵守时间

判断题

1. 制度和程序能增强班组生活的可预测性，降低模糊性和焦虑。（ ）

A. 正确 B. 错误

2. 考勤制度是班组安全管理的基本制度之一。（ ）

A. 正确 B. 错误

3. 可以通过下列利用团队管理的技能开展班组工作：（1）理解团队的基本要素（目标、技能分工、相互配合、沟通）；（2）以具体事例说明在日常工作中的应用。（ ）

A. 正确 B. 错误

4. 员工的本职工作 = 日常工作 + 改善。（ ）

A. 正确 B. 错误

5. 特定职业对从业者有着与该职业相适应的道德要求，这就成为职业道德规范。（ ）

A. 正确 B. 错误

6. 班组长要做到“以身作则，言传身教”，引导并培训班组员工朝正确的方向努力。（ ）

A. 正确 B. 错误

7. 建立健全班组民主管理制度是班组民主管理的重点。（ ）

A. 正确 B. 错误

8. 班组长对核心骨干的教育培训是提高班组生产力的重要管理方法。（ ）

A. 正确　　B. 错误

9. 班组文化主要包括班组精神、班组形象、班组文化活动三项内容。(　)

A. 正确　　B. 错误

10. 企业安全文化建设是预防事故的“人因工程”，以提高企业全员的安全素质为最主要任务，因而具有保障安全生产的基础性意义。(　)

A. 正确　　B. 错误

11. 班组文化建设是一个长期的过程，需要不断耕耘、不断强化，逐渐内化为员工的习惯。(　)

A. 正确　　B. 错误

12. 任何管理者都会面临一些混乱而复杂的环境，班组长应能看到组织的全貌和整体，并认清各种因素之间的相互联系，根据形势和问题果断地作出正确的决策。(　)

A. 正确　　B. 错误

13. 在班组管理中，台账是班组的展示平台，也是落实工作的关键抓手。(　)

A. 正确　　B. 错误

14. 班组长应具有分辨班组员工的特性与发展潜力的能力。(　)

A. 正确　　B. 错误

15. 要充分发挥党群、工会等部门的群众优势、资源优势和统揽

全局的作用，以沟通、协调、服务的方式来满足员工的多元化、多层次需求，努力使员工全面发展，成为健康、幸福的员工。(　)

A. 正确　　B. 错误

16. 班组长是班组安全检查的第一责任人。(　)

A. 正确　　B. 错误

17. 班组长要成为一个内行的领导，必须具备专业知识和实践能力。(　)

A. 正确　　B. 错误

18. 主体辨定是非好坏的思维取向具有稳定性、持久性和主观性的特点。(　)

A. 正确　　B. 错误

19. 定岗定员可以明确班组的劳动力质量要求和数量要求，可以回答班组作业中的所有问题。(　)

A. 正确　　B. 错误

20. 人性化管理是加强班组管理的首要前提。(　)

A. 正确　　B. 错误

21. 人力资源管理是不断激活组织与人的价值创造的过程，也就是不断推动战略实现与发展的过程。(　)

A. 正确　　B. 错误

22. 班组激励管理的五要素为：（1）及时。发现员工有了进步、取得了成绩要及时地给予肯定，及时的激励可以使其效果事半功倍。(2) 具体。不仅可以使被激励的员工知道哪些地方做得好，也可以让其他员工分享经验和内容。(3) 效果。将所取得成果的意义说明白，这样可以使员工对于集体有归属感，也满足了员工自尊的需要。(4) 感受。班组长要实实在在地将所激励内容带给自己的感觉讲给当事人和其他人听，不要玩弄什么语言技巧，唯有真实方能打动人心。(5) 再接再厉。当受到激励时，员工心情自然很愉快，可以趁热打铁，提出新的希望，鼓励当事人继续努力。(　)

A. 正确　　　　　　　B. 错误

23. 班组的生产管理已经固化，学习型团队不适用于班组。(　)

A. 正确　　　　　　　B. 错误

24. 团队建设的作用在于最大限度地激发全体员工的目标一致性、主观能动性、工作积极性和思维创造性，提高班组的战斗力、凝聚力和人才培养，成为企业有生命力和创造力的组织细胞。(　)

A. 正确　　　　　　　B. 错误

25. 主体及其需求的多样性与复杂性，决定了价值的多样性和复杂性。(　)

A. 正确　　　　　　　B. 错误

26. 班组文化要立足班组实际，体现本班组特色，能够被本班组

员工高度认同。(　)

A. 正确　　B. 错误

27. 生产班组是企业生产工作的中坚力量，是企业生产的一线执行单位。(　)

A. 正确　　B. 错误

28. 班组长在组织管理素质方面能定期召开班组会，分析研究工作，写出工作汇报。(　)

A. 正确　　B. 错误

29. 在所有的管理中，总有一种管理“风格”是最好的。(　)

A. 正确　　B. 错误

30. 员工出现离职情况时，可先找其谈话，根据谈话结果，确认下步挽留措施；挽留失败，让其直接离职即可。(　)

A. 正确　　B. 错误

31. 选择性鼓励的存在是实现集体行动的重要条件之一，可以分为正向鼓励和反向鼓励两种。(　)

A. 正确　　B. 错误

32. 班组长理解企业的战略定位，应从企业的远景和使命陈述把握。(　)

A. 正确　　B. 错误

33. 团队精神的基础是尊重个人的兴趣和成就。核心是协同合作，最高境界是全体成员的向心力、凝聚力。(　)

A. 正确　　　　　　　　　　B. 错误

34. 想要扎扎实实地搞好企业的民主管理工作，重点是要把民主管理贯穿到企业管理的各个环节。(　　)

A. 正确　　　　　　　　　　B. 错误

35. 班组长采用命令的管理方式最容易在班组内建立行为的一致性。(　　)

A. 正确　　　　　　　　　　B. 错误

36. 班组行为实施的保证是卓越的管理。(　　)

A. 正确　　　　　　　　　　B. 错误

37. 班组思想政治工作就是班组对职工进行的法制教育和品德教育。(　　)

A. 正确　　　　　　　　　　B. 错误

38. 班组队伍建设要着力培育员工共同价值理念和团队意识，建立共同的学习愿景，创建创新型班组，培养知识型员工，造就一支爱岗敬业、技术精湛、作风过硬、团结互助的员工队伍。(　　)

A. 正确　　　　　　　　　　B. 错误

39. 班组长是一线指挥官，因此提倡外科医生型。(　　)

A. 正确　　　　　　　　　　B. 错误

40. 班组团队是指由员工和管理层组成的一个共同体，是按照一定规则结合在一起的团队。(　　)

A. 正确　　　　　　　　B. 错误

41. 班组文化活动作为激励员工的有效方式，平时表现差的员工可不让其参加。(　　)

A. 正确　　　　　　　　B. 错误

42. 班组长管理具有管得宽、管得细、管得直接、管得具体等特点。(　　)

A. 正确　　　　　　　　B. 错误

43. 劳务公司提供的临时工分散到车间班组工作，由车间班组负责人领导。(　　)

A. 正确　　　　　　　　B. 错误

44. 高绩效班组团队制胜的五大关键是定目标、选对人、重指引、绩效明、多批评。(　　)

A. 正确　　　　　　　　B. 错误

45. 总结自己的管理经验关键是：(1)不在于理论应用有多深，而在于实际的效果；(2)在于自身知识、管理技能的真正提升；(3)在于对问题本质的把握，也在于对问题的解决。(　　)

A. 正确　　　　　　　　B. 错误

46. 为工厂创造价值是班组的最高使命。(　　)

A. 正确　　　　　　　　B. 错误

47. 违章的传染性是指“看到老职工违章操作既省力，又没出事，就盲目效仿，而且又用自己的习惯性违章行为去影响新职工，

以至于这些不良的习惯性行为方式难以彻底根除”。(　)

A. 正确　　　　B. 错误

48. 持续不断地学习同坚持不懈地勤奋工作同等重要。(　)

A. 正确　　　　B. 错误

49. 组织中的绝大多数管理者既是管理者，又是被管理者，因此不同管理层次对管理者技能的要求是相同的。(　)

A. 正确　　　　B. 错误

50. 平台思维在本质上是一种赋能，是一种利他的存在。(　)

A. 正确　　　　B. 错误

51. 团队目标管理是一种以目标为导向的（基础）管理方法，使班组团队围绕目标进行生产，以消除影响目标实现的障碍。(　)

A. 正确　　　　B. 错误

52. 确定各个岗位的工作内容和要求，明确工作任务的分配，就是定岗的结果。(　)

A. 正确　　　　B. 错误

53. 员工违规操作，造成了一些失误，或没有服从组织纪律的安排，那么就要惩罚，这种权力称为惩罚权，这种做法被称为负激励，有人将其形容为“打着朝前走”。(　)

A. 正确　　　　B. 错误

54. 人是生产活动中最活泼的因素，是生产的具体实践者，解

决好班组中“人”的问题，就等于抓住了班组建设的关键。(　　)

A. 正确　　B. 错误

55. 在班组团队建设过程中，要坚持原则基础上的民主。(　　)

A. 正确　　B. 错误

56. 班组成员中，有各种性格的人。性格会直接影响到人的工作进度，进而在班组的人际关系、工作效率等方面造成一定的影响。(　　)

A. 正确　　B. 错误

57. 班组长可以不遵循相关制度，灵活地进行激励。(　　)

A. 正确　　B. 错误

58. 让员工参与提合理化建议和制定作业标准等，既能利用员工智慧，又能使员工感受到被重视，同时还使得员工在执行自己参与制定的内容时积极性更高，进而有效地提升执行力。(　　)

A. 正确　　B. 错误

59. 班组文化是班组内部团结的纽带。(　　)

A. 正确　　B. 错误

60. 组织的知识的来源不限于标准规范、学术交流、从失败和成功中得到的经验教训；过程、产品和服务的改进结果；从顾客或外部供方收集的知识等。(　　)

A. 正确　　　　　　　　B. 错误

61. 班组长的行为可以向新员工具体解释企业文化的作用。(　)

A. 正确　　　　　　　　B. 错误

62. 班组长有意识地进行角色示范、讲授以及指导是最主要的文化植入方法。(　)

A. 正确　　　　　　　　B. 错误

63. 班务公开应遵循依法办事的原则，凡法规和上级要求让职工知情、参与决定和监督的事项，都应公开。(　)

A. 正确　　　　　　　　B. 错误

64. 企业安全文化建设是预防事故的一种“软”对策，它对于预防事故具有长远的战略性意义。(　)

A. 正确　　　　　　　　B. 错误

65. 班组层面的员工干的是执行层面的事情，只要清楚自己的岗位职责、工作纪律、作业指导书等相应的规章制度就可以了，没有必要关注企业战略，这是高层关注的东西。(　)

A. 正确　　　　　　　　B. 错误

66. 班组工人管理员的设置应根据班组规模而定，较大的班组根据需要可设安全质量员和生活卫生员。(　)

A. 正确　　　　　　　　B. 错误

67. 班组长需要关注隐性成本、闲置成本和劣质损耗成本的发生情况。(　)

A. 正确　　　　　　　　　　B. 错误

68. 班组成员以固定或动态结对等形式进行互保，不同班组成员之间不能进行结对互保。(　　)

A. 正确　　　　　　　　　　B. 错误

69. 团队建设中，合作是团队的核心，没有竞争。(　　)

A. 正确　　　　　　　　　　B. 错误

70. 成功的班组长具有善于专业指导的特点。(　　)

A. 正常　　　　　　　　　　B. 错误

71. 在梯子上工作时，梯与地面的斜角度为 75 度左右。(　　)

A. 正确　　　　　　　　　　B. 错误

72. 在场景赋能高的组织中，人才会选择在内部流动；在场景赋能低的组织中，人才会选择离开到外部寻找新的机会。(　　)

A. 正确　　　　　　　　　　B. 错误

73. 企业文化是企业发展过程中形成的影响企业凝聚力、创造力、适应力和持久力的精神、信念、道德、心理、智能等各种文化因素的总和。(　　)

A. 正确　　　　　　　　　　B. 错误

74. 工会组长是班组民主管理的组织者和主持人，是搞好班组民主管理工作的主体。(　　)

A. 正确　　　　　　　　　　B. 错误

75. 班长是操作指挥者，要求有实际经验的本工种人员担

任。(　)

A. 正确　　B. 错误

76. 企业安全文化建设的目的是提高全员安全素质。(　)

A. 正确　　B. 错误

77. 班组长解决现场问题须做到“三直三现”，马上解决。班组长要将问题在现场解决处理不属于“三直三现”。(　)

A. 正确　　B. 错误

78. 团队与一般群体的主要区别在于团队具有目标的认同感与凝聚力、行为的协调性与互补性、责任的个体化与集体化。(　)

A. 正确　　B. 错误

79. 班组长比较适合双向沟通，而班组成员更喜欢单向沟通。(　)

A. 正确　　B. 错误

80. 自我效能感是一个人相信自己一定能完成任务的信心与期望，所以自我效能感并不是一个人的真实能力。(　)

A. 正确　　B. 错误

81. 进行企业安全文化教育培训，就是要使员工在头脑中自觉形成安全生产的惯性思维与模式，使之成为人们潜意识中的行为规范，实现真正意义上的“我要安全”。(　)

A. 正确　　B. 错误

82. 民主是指在一定范围内，按照平等和少数服从多数的原则来共同管理组织事务的组织制度。(　)

A. 正确　　B. 错误

83. 在企业、车间和班组的三级民主管理中，企业民主管理是基础。(　)

A. 正确　　B. 错误

84. 企业需要树立品牌，个人也需要树立品牌。(　)

A. 正确　　B. 错误

85. 班组“一班四检”制度的运用是安全文化的表现。(　)

A. 正确　　B. 错误

86. 班组长的领导艺术之一是组织作业人员自主检验，即员工自检。通过这种形式打破员工的惯性思维，即只注重产量而无视质量的思维模式。在企业里，要做到产量和质量互动。(　)

A. 正确　　B. 错误

87. 班组之间存在的横向联系不包括任务协调。(　)

A. 正确　　B. 错误

88. 沟通是一个双向过程，既要准确说出要表达的信息，也要用心倾听，不明白的地方积极提问。(　)

A. 正确　　B. 错误

89. 在班组中要灌输这样一个理念：班组的事就是大家的事。让每一个班组成员都参与进来，共同决定完成班组重大任务的工作方法、组织形式、运作组合、保证措施和作业调整，以及评价工作成绩和制定奖罚方案等。(　)

A. 正确　　B. 错误

90. 班组长关键是要完成生产任务，对企业文化理解深不深不要紧。(　)

A. 正确　　B. 错误

91. 新员工未取得上岗证时，独立操作要有专人监控。(　)

A. 正确　　B. 错误

92. 团队利益和员工的自我发展会发生冲突。(　)

A. 正确　　B. 错误

93. 有人说："要工作得好，需要分权，要使分权运转得好，需要目标管理。"这句话不适用于生产基层班组。(　)

A. 正确　　B. 错误

94. 手工修饰车门外板时，老师傅干得很漂亮、很潇洒，对新人来说却很勉强，为此王师傅研究出一种修饰工具，使新手快速上手，这也属于员工改善范畴。(　)

A. 正确　　B. 错误

95. 从管理学的角度来看，班组民主管理的核心理念就是以人为本，强调人人平等。(　)

A. 正确　　B. 错误

96. 班组长必备的五大兵法是制度要“细”、管理要“严”、处事要“公”、待人要“诚”、自身要“硬”。(　)

A. 正确　　B. 错误

97. 安全生产监督检查人员应当忠于职守，坚持原则，秉公执法。(　)

A. 正确　　B. 错误

98. 肢体语言在沟通中发挥重要的作用。(　)

A. 正确　　B. 错误

99. 影响企业文化的重要因素是企业利润。(　)

A. 正确　　B. 错误

100. 作为班组长，经常会碰到企业的利益与员工的利益相矛盾的状况，班组长应该尽可能找到企业利益与员工利益的平衡点，争取双方都能够接受。(　)

A. 正确　　B. 错误

101. 婚假包含公休假和法定假，婚假期间全额计发工资。(　)

A. 正确　　B. 错误

102. 班组员工工作出现问题时，对其进行批评，可以随时用合适的方法。(　)

A. 正确　　B. 错误

103. 委派班组员工工作时先确认员工的工作量，并说明工作的优先度和期待的成果。(　)

A. 正确　　　　　　　　　　B. 错误

104. 班组民主管理，是班组全体职工依照法律规定，通过一定的组织形式，对班组权限范围内的事务，行使民主管理权力的活动。(　　)

A. 正确　　　　　　　　　　B. 错误

105. 班组长只能用行政任命的形式产生。(　　)

A. 正确　　　　　　　　　　B. 错误

106. 思想意识是指符合年代特征的观念意识和思维方法。(　　)

A. 正确　　　　　　　　　　B. 错误

107. 在班组管理中，班组长应每天及时做好交接班。(　　)

A. 正确　　　　　　　　　　B. 错误

108. 班组文化指向的是班组的共同目标。(　　)

A. 正确　　　　　　　　　　B. 错误

109. 违章作业是指作业人员在生产作业过程中，不遵守安全规程，违反保证安全的各项规定、制度及措施的不安全行为。(　　)

A. 正确　　　　　　　　　　B. 错误

110. 为了保证生产的顺利进行，班组长要做好人员的排班管理。根据生产计划，每天要依据作业步骤图和现场配置图进行排班，如遇特殊情况需要进行工位顶替时则需要按照程序进行。同时，对于上夜班的员工，要根据具体要求及实际情况

做出合理安排。(　)

A. 正确　　B. 错误

111. 员工的作业技能是重要的产能计算基础。(　)

A. 正确　　B. 错误

112. 满足员工个性化发展的意愿是人本管理的起点。(　)

A. 正确　　B. 错误

113. 台账是固化行为、养成良好习惯的一个重要载体。(　)

A. 正确　　B. 错误

114. 班组思想政治工作就是班组对职工进行的思想工作和政治教育。(　)

A. 正确　　B. 错误

115. 领导者成熟度构成要素，包括领导者的业务水平、领导者的敬业精神、领导者的心理承担能力、领导者在领导岗位的工作年限。(　)

A. 正确　　B. 错误

116. 合格的技能是保证工作质量和产品质量的前提。员工技能管理是质量管理和人员调配的次要条件。应对优秀者给予肯定和鼓励，对不足者加强培训、指导和跟踪。(　)

A. 正确　　B. 错误

117. 打造班组团队文化，班组长应协助员工为其制定职业发展规划，并建立实施保障。(　)

A. 正确　　B. 错误

118. 安全文化不需要物质实体就可以在生产实践中表现出来。(　)

A. 正确　　B. 错误

119. 班组理念的产生是班组成员在管理实践与生产作业过程中萌发了一些新的价值理念。(　)

A. 正确　　B. 错误

120. 班组长应根据技术、岗位、能力大小、动作快慢合理搭配组合劳动力，发挥群体效能。(　)

A. 正确　　B. 错误

121. 班组长在平时工作中，做事公正是最基本的前提。(　)

A. 正确　　B. 错误

122. 班组事务公开的一项重要考量指标就是公开的时限，即在规定公开内容、公开形式的同时，要规定公开时限。(　)

A. 正确　　B. 错误

123. 安全标志的正确使用也是一种安全文化行为。(　)

A. 正确　　B. 错误

124. 生产期间，应要求全班职工都要积极提出一些合理化建议，充分发挥民主监督作用。(　)

A. 正确　　B. 错误

125. 管理班组成员，学会倾听会比说教、扣钱的效果要好得

多。(　　)

A. 正确　　B. 错误

126. 团队建设中，竞争是团队的核心。(　　)

A. 正确　　B. 错误

127. 为确保沟通效果，班组长应直接与员工对某件具体工作交换意见并取得共识。(　　)

A. 正确　　B. 错误

128. 班组长的正确引导是班组实践人本管理的基础。(　　)

A. 正确　　B. 错误

129. 班组长越过直接领导，找总经理报告工作，会致使中间岗位的设置，失去存在的意义。(　　)

A. 正确　　B. 错误

130. 每个员工都需要有一定程度的压力，但压力过大会让人出现问题，缺乏热情总是会导致过度压力。(　　)

A. 正确　　B. 错误

131. 班组文化表现系统，即班组文化的外在展现，是将卓越班组的优秀文化成果进行展示和渗透的工具。(　　)

A. 正确　　B. 错误

132. 团队建设能力是指培育团队意识、建立共同愿景、共塑团队精神、构建团队文化、营造轻松活跃的班组氛围。(　　)

A. 正确　　B. 错误

133. 师傅在对新员工传、帮、带的同时，无须对新员工的职业道德进行引导和约束。(　　)

A. 正确　　　　　　　　　B. 错误

134. 班组是企业组织生产经营活动的基本单位，是企业最基层的生产管理组织。(　　)

A. 正确　　　　　　　　　B. 错误

135. 班组长是一个班组成长的基石，要不断去学习新知识，不仅要在理论上提升高度，在实际生活中也要不断地提升高度。(　　)

A. 正确　　　　　　　　　B. 错误

136. 班组是企业管理流程的前端价值创造单元，是推动企业改革发展的中坚力量。(　　)

A. 正确　　　　　　　　　B. 错误

137. 以德服人是靠自己高尚的人格使下属心服口服。(　　)

A. 正确　　　　　　　　　B. 错误

138. 班组长要终身学习，要懂管理的基本原理，要会总结经验。(　　)

A. 正确　　　　　　　　　B. 错误

139. 成功的班组长具有善于不断学习的特点。(　　)

A. 正常　　　　　　　　　B. 错误

140. 对于“激励因素”，没有它员工不会不满意，有了它员工的

主观能动性和工作积极性会更高。(　)

A. 正确　　B. 错误

141. 班组长的指导和培训属于在岗培训，是一种非正规培训，但是对于员工掌握岗位知识和技能起着重要作用。(　)

A. 正确　　B. 错误

142. 自控型班组建设的原则：①分层分类的原则；②齐抓共建的原则；③继承创新的原则；④实用实效的原则。(　)

A. 正确　　B. 错误

143. 怀孕 7 个月以上的女职工，一般不得安排其从事夜班劳动；在劳动时间内应当安排一定的休息时间。(　)

A. 正确　　B. 错误

144. 班组长面对员工时，应站在企业的立场上讲话。(　)

A. 正确　　B. 错误

145. 班组长在组织管理素质方面应善于观察分析职工的工作状况。(　)

A. 正确　　B. 错误

146. 在班组层面，有效的领导方式与环境和个性无关。(　)

A. 正确　　B. 错误

147. 班组的优良作风体现了企业文化在基层所发挥的作用。(　)

A. 正确　　B. 错误

148. 在管理情绪型员工时，要肯定他们的优点，然后在工作和生活上，给予其帮助和关心，通过私下沟通，推心置腹地与其交谈，引导其发现自身的缺点并帮助其克服缺点。通过认真倾听，帮助员工把愤怒的情绪宣泄出来，再将乱发脾气的害处指出来，引导员工学习控制自己的情绪。(　)

A. 正确　　B. 错误

149. 班组管理常用的方法有绩效管理方法、行政管理方法、法律管理方法、经济管理方法。(　)

A. 正确　　B. 错误

150. 要真正落实各级各类安全责任制，并充分发挥安全保证体系的作用，积极落实三项基本原则，即“管生产必须管安全”的原则；生产与安全同时“计划、布置、检查、总结、评比”的原则；“安全可靠性”的原则。(　)

A. 正确　　B. 错误

151. 合理授权是很重要的，它能够提高团队领导的工作效率。(　)

A. 正确　　B. 错误

152. 班组事务公开是推进班组民主管理建设、保证员工行使民主权利的重要形式。(　)

A. 正确　　B. 错误

153. 任何一级管理者都可以凭自己标准的好恶，指责别人现场混乱。(　)

A. 正确　　　　　　B. 错误

154. 民主管理是班组管理工作的灵魂，但可以采取的形式比较单一。(　)

A. 正确　　　　　　B. 错误

155. 班组长的领导方式没有好坏之分，关键是看它是否适合班组当前的情况和发展。(　)

A. 正确　　　　　　B. 错误

156. 应培育员工在工作时间以班组组织行为的合理性作为自己行为的依据与考量，并形成习惯。(　)

A. 正确　　　　　　B. 错误

157. 通常情况下，特定群体必须遵循的具有某种特殊性的职业道德，与社会成员必须共同遵守的社会公德之间经常是存在矛盾的。(　)

A. 正确　　　　　　B. 错误

158. 在职场中，除了要积累总结一定的工作经验，更重要的是具备良好的学习能力。(　)

A. 正确　　　　　　B. 错误

159. 工作协调的核心目标是使事情做得更好、更有效。(　)

A. 正确　　　　　　B. 错误

160. 只要是在其他班组有效的管理经验，就能照搬。(　)

A. 正确　　　　　　B. 错误

161. 领导对员工的赏识、工作本身、事业发展前景等都构成了激励因素。( )

A. 正确　　B. 错误

162. 优秀班组长必备的三种能力是学习能力、执行能力、沟通能力。( )

A. 正确　　B. 错误

163. 班组安全文化建设是把安全上升到文化这个概念来认识的，提倡以人为本，重视人的生命价值的理念。( )

A. 正确　　B. 错误

164. 事前计划不周详，事中管理执行不到位，事后检讨不改进，没制定工作目标是班组长管理过程中需要注意的问题。( )

A. 正确　　B. 错误

165. 班组长或车间领导，可以通过谈心交流的形式，了解员工爱岗敬业、责任心、品德修养等方面的情况。这在一定程度上可以了解他的性格特征、文化素养、思想道德修养和品格特征，推断其环境适应能力和行为规范。( )

A. 正确　　B. 错误

166. 技能素质是指具有能够胜任某一具体工作的岗位技能。( )

A. 正确　　B. 错误

167. 合格的技能是保证工作质量和产品质量的前提。( )

A. 正确　　B. 错误

168. 推行民主管理是搞好班组管理的一个非常重要的途径。(　　)

A. 正确　　B. 错误

169. 团队和个人相比，最大的区别在于团队具有共同性和交互性，也就是说团队成员有共同的愿景，完全服从团队，成员之间相互信任、承担义务。(　　)

A. 正确　　B. 错误

170. 班组长的行为能够影响班组的激励水平，这些行为包括以身作则。(　　)

A. 正确　　B. 错误

171. 协调工作只需要重视与上司的沟通就行了，对其他人的沟通不用重视。(　　)

A. 正确　　B. 错误

172. 效益第一原则是班组长可采纳的最好的领导方式。(　　)

A. 正确　　B. 错误

173. 班组民主管理是班组成员依照法律规定，通过一定的行为规范，对班组权限范围内的事务行使民主管理权利的活动。(　　)

A. 正确　　B. 错误

174. 班组安全文化建设可建立岗位流动红旗奖励机制。(　　)

A. 正确　　B. 错误

175. 企业文化是共性和个性的统一体。(　　)

A. 正确　　　　　　B. 错误

176. 班组长影响着决策的实施；班组长既是承上启下的桥梁，又是员工联系领导的纽带。班组长是生产的直接组织和参与者，所以班组长应既是技术骨干，又是业务上的多面手。（　）

A. 正确　　　　　　B. 错误

177. 班组建设的要素是民主管理和团队精神。（　）

A. 正确　　　　　　B. 错误

178. 班组长是一线指挥官，因此提倡埋头苦干。（　）

A. 正确　　　　　　B. 错误

179. 班组建设的核心是提高班组成员整体素质。（　）

A. 正确　　　　　　B. 错误

180. 如果班组长或上司表现出对员工的关怀，并愿意在适当的时候加以指导，那么员工就会努力工作，提高表现。（　）

A. 正确　　　　　　B. 错误

181. 班组文化要紧密结合企业精神、企业宗旨、企业使命开展工作，并加以概括和提炼。（　）

A. 正确　　　　　　B. 错误

182. 班组长在日常工作中，办事公正是一个最起码的前提。（　）

A. 正确　　　　　　B. 错误

183. 班组组织建设的两个保证条件是：垂直指挥和横向联

系。(　)

A. 正确　　B. 错误

184. 企业文化就是企业标志。(　)

A. 正确　　B. 错误

185. 成功的团队具有专业技能能力、干成事情的能力、人际关系能力三种能力。(　)

A. 正确　　B. 错误

186. 危险预知活动是班组安全文化建设的主要内容。(　)

A. 正确　　B. 错误

187. 班组的创新力建设可有可无。(　)

A. 正确　　B. 错误

188. 班组长处于各种关系的交汇点，要协调上下级之间、班组之间、班组成员之间的关系，化解矛盾，促进各方面关系的和谐。(　)

A. 正确　　B. 错误

189. 班组长应具备：(1)专业技术能力；(2)目标管理的能力；(3)解决问题的能力；(4)组织授权的能力；(5)交流倾听的能力；(6)幽默风趣的表达能力；(7)激励减压的能力；(8)指导培养的能力；(9)自控和约束能力；(10)归纳和总结能力。(　)

A. 正确　　B. 错误

190. 班组管理的最高境界是用文化管理班组。(　)

A. 正确　　B. 错误

191. 企业文化的三大作用是约束力、凝聚力、原动力。(　)

A. 正确　　B. 错误

192. 推式激励是激励员工的唯一有效的方法。(　)

A. 正确　　B. 错误

193. 文化建设必须依靠管理者强力推动。(　)

A. 正确　　B. 错误

194. 作为团队“领头羊”，班组长应该树立威信、灵活沟通、善于激励、科学授权。(　)

A. 正确　　B. 错误

195. 班组隐患排查与治理是安全文化的表现。(　)

A. 正确　　B. 错误

196. 班组长执行规章制度应公平公正、始终如一。(　)

A. 正确　　B. 错误

197. 作为班组长，在努力使班组成员的发展符合他们需要的同时，还必须确保班组成员的发展与企业和班组的目标一致。(　)

A. 正确　　B. 错误

198. 班组长在进行指导管理时应该以激励为主，并提出发展建议，切忌影响了班组士气和工作效率。(　)

A. 正确　　B. 错误

199. 核心骨干培训的要求是培训骨干必须具备一定职业素养且技术基础较好。(　)

A. 正确　　B. 错误

200. 班组长应针对正确生产管理中的重点、难点开展专项问题解决活动。(　)

A. 正确　　B. 错误

201. 班组定岗之后，班组的标准人数就能基本确定。(　)

A. 正确　　B. 错误

202. 追求最大利润是一个企业的头等大事，企业文化建设可有可无。(　)

A. 正确　　B. 错误

203. 管理“头痛”职工，班组长首先要梳理管理制度中是否存在漏洞。(　)

A. 正确　　B. 错误

204. 管理是随着生产的发展不断完善的，十全十美的管理系统并不存在，管理是存在缺陷的。(　)

A. 正确　　B. 错误

205. 管理者面对部下，应站在代表督导者的立场上，用领导者的声音说话。(　)

A. 正确　　B. 错误

206. 工作交接是工作的开始和结束。(　)

A. 正确　　B. 错误

207. 沟通技巧在进行口头语言交流时非常重要，善于思考不属于沟通技巧。(　)

A. 正确　　B. 错误

208. 班组民主管理主要包括通过一定的制度并设置相应的职权，来保证组员参与班组决策、管理和监督的有效实现。(　)

A. 正确　　B. 错误

209. 新工人上岗前必须做的工作是：（1）必须签订劳动合同；（2）必须经过上岗前的“三级”安全教育，即公司教育、项目教育、班组教育。(转换工作岗位和离岗后重新上岗人员，必须重新经过“三级”安全教育后才允许上岗工作)(　)

A. 正确　　B. 错误

210. 民主生活会以工作生活相关的议题为中心，由班组长与班组成员平等沟通，产生的效果是增进成员间的感情和凝聚力。(　)

A. 正确　　B. 错误

211. 好的工作氛围包括整洁的作业现场、安全的工作环境、融洽的人际氛围、团队的合作精神。(　)

A. 正确　　B. 错误

212. 随着团队的成熟，团队成员像致力自己的目标一样致力团队

其他成员的目标，这是指团队工作中协作的优势。(　　)

A. 正确　　B. 错误

213. 爱岗敬业的基本要求表现在树立强烈的事业心和责任感。(　　)

A. 正确　　B. 错误

214. 团队和个人相比，最大的区别在于团队具有共同性和交互性。(　　)

A. 正确　　B. 错误

215. 可以借助反馈激励机制的建设实现对安全文化管理工作的改进，鼓励员工在发现规章制度中不合理条款时及时反馈，按照反馈的内容重要性以及意义标准等提供相应的奖励激励措施。(　　)

A. 正确　　B. 错误

216. 要牢固树立“员工是班组安全文化建设的土壤”这一理念，始终把广大员工作为班组安全文化建设的主体。(　　)

A. 正确　　B. 错误

217. 4M1E（人、机器、材料、方法、环境）的变化点管理中，Man 是指现场的所有人员，包括管理人员和作业人员。(　　)

A. 正确　　B. 错误

218. 团队的整体绩效要大于团队各成员个人绩效之和，这是团队

的基本特征，也是团队与一般群体的本质区别所在。(　)

A. 正确　　B. 错误

219. 征求部属意见的两个原则是：独立性原则和从众性原则。(　)

A. 正确　　B. 错误

220. 班组长作为一线的指挥者，发布命令的准确程度，应像机场上的管制员给飞行员发布命令一样准确，否则容易产生歧义，造成工作事故。(　)

A. 正确　　B. 错误

221. 班组文化的建立方式同企业文化的建立方式是相同的。(　)

A. 正确　　B. 错误

222. 班组民主管理会是班组民主管理的基本形式。(　)

A. 正确　　B. 错误

223. 优秀的班组长不需要做好团队管理的基础工作。(　)

A. 正确　　B. 错误

224. 每月观察计划（每日观察哪位员工及哪些工程）由班组长制订。(　)

A. 正确　　B. 错误

225. 班组建设台账是企业日常班组管理工作的一个重点。(　)

A. 正确　　B. 错误

226. 车间是职工生活的“小家”，是社会主义精神文明建设的

课堂，对培训和建设“四有”职工队伍发挥着“熔炉”作用。(　)

A. 正确　　B. 错误

227. 在企业管理中，民主管理主要是通过工会代表和组织发动职工民主参与企业经济活动和管理活动，实施群众监督，促进企业决策民主，利益关系公平、公正，职工团结、和谐。由此可见，民主管理是构建和谐企业的强大动力。(　)

A. 正确　　B. 错误

228. 建设班组安全文化，是安全文明生产的基础，只有把班组安全文化建设好，提高员工的安全文化素质，才能保证班组的安全文明生产。(　)

A. 正确　　B. 错误

229. 核心骨干培训重点是核心岗位或重要机器设备的“多能工”岗位专业培训，以提高岗位工作技能为原则。(　)

A. 正确　　B. 错误

230. 班组长在组织管理素质方面应具有执行班组各项管理制度的能力。(　)

A. 正确　　B. 错误

231. 用人单位应当为劳动者建立职业健康监护档案，并按照规定的期限妥善保存。(　)

A. 正确　　B. 错误

232. 班组内人员请假一个上午，必须进行变更记录。(　)

A. 正确　　B. 错误

233. 员工之间的合作关系是班组团队建设中不需要处理的关系。(　)

A. 正确　　B. 错误

234. 人才培养是公司统筹安排的，与班组无关。(　)

A. 正确　　B. 错误

235. 学习型企业的主要特点是提倡终身学习和终身职业培训，提倡工作中学习，学习中工作。(　)

A. 正确　　B. 错误

236. 班组长产生有三种方法：行政任命，工厂招聘，员工推举。(　)

A. 正确　　B. 错误

237. 优秀的班组文化有利于企业和班组的健康发展。(　)

A. 正确　　B. 错误

238. 拥有良好班组文化的班组往往拥有良好的班组环境，其成员也往往都拥有着共同的价值观。(　)

A. 正确　　B. 错误

239. 在管理过程中，要充分了解员工的需要，结合班组生产运营情况和运营特点，以及员工工作年限、年龄、性别、地域结构、文化素质、技能熟练程度等多方面因素采取适合不同年

龄段、不同经历的员工的差异性管理方式，明确班组成员的工作职责和需要承担的指标。(　)

A. 正确　　B. 错误

240. 在奖罚中必须做到奖罚分明，因为大功小赏会显得没气度；小功大赏会造成他人不服；无功受赏会引起众怨；大过小罚表示领导者在袒护某些人；小过大罚表示领导者待人苛刻；无过受罚则是领导在有意报复。正确的奖励并不总是高效地激励员工，错误的奖励却一定会挫伤某些人的积极性。(　)

A. 正确　　B. 错误

241. 优秀班组长的管理工具包括 5S 管理、目视管理、看板管理、零缺陷管理。(　)

A. 正确　　B. 错误

242. 班组长工作十分具体、琐碎、微观，很难与领导行为挂上钩，因而班组长不是一级领导者。(　)

A. 正确　　B. 错误

243. 在沟通时，为确保理解，最好的方式是重复对方原话。(　)

A. 正确　　B. 错误

244. 班组民主管理与行政管理同企业管理一样职责清晰、分工明确。(　)

A. 正确　　B. 错误

245. 企业员工个人的自主工作、自我管理必须予以引导，否则可

能会导致与企业目标的冲突。(　)

A. 正确　　B. 错误

246. 新型组织管理的薪资以员工的技能为基准，更有利于建设高水平的员工队伍。(　)

A. 正确　　B. 错误

247. 新型组织结构是网状的，组织变得扁平与多边，这样可以为个人提供更多的关联和机会，层级减少也利于个体成员之间的交流与合作。(　)

A. 正确　　B. 错误

248. 派遣员工参加外部培训是一种企业福利。(　)

A. 正确　　B. 错误

249. 班组长应用管理层次理论，首要任务是明确自己的分管领导是谁。(　)

A. 正确　　B. 错误

250. 企业文化的主要内容就是企业的文体活动。(　)

A. 正确　　B. 错误

251. 班组长是实施质量控制和质量改进的领导者和组织者。(　)

A. 正确　　B. 错误

252. 在一个人际关系十分民主、员工参与度很高的班组，就可以不需要命令了，只需在技术上、生产上乃至生活上提供帮助即可。(　)

A. 正确　　　　　　　　B. 错误

253. 班组员工作为班组的主要工作人员，在执行生产工作中是不可或缺的。(　　)

A. 正确　　　　　　　　B. 错误

254. 团队的目标比团队的分工更重要。(　　)

A. 正确　　　　　　　　B. 错误

255. 培训是当前班组人才建设中最普遍的方法，员工能力形成的关键在于培训课程，培训是班组人才建设的关键。(　　)

A. 正确　　　　　　　　B. 错误

256. 发现问题与处理问题的能力反映的是班组长的管理水平，与企业的整体管理水平没有关系。(　　)

A. 正确　　　　　　　　B. 错误

257. 班组长应把组织员工学习创造作为班组创新建设的重要内容，通过建立攻关团队、创新小组等形式，增强员工创新意识，提高创新能力。(　　)

A. 正确　　　　　　　　B. 错误

258. 班组长的使命包括提高生产效率。(　　)

A. 正确　　　　　　　　B. 错误

259. 工作汇报是个人的工作概括和总结，是要求上级给予支持的有效手段。(　　)

A. 正确　　　　　　　　B. 错误

260. 根据群体心理特点，班组应建立良好的反馈机制、良好的调整机制、良好的诱导机制。(　　)

A. 正确　　　　B. 错误

261. 安全科学技术作为人类安全文化的结晶和精华，是安全文化建设的支柱和动力。(　　)

A. 正确　　　　B. 错误

262. 以建设岗位有职责、作业有程序、操作有标准、过程有记录、绩效有考核、改进有保障的现代化企业班组为目标。(　　)

A. 正确　　　　B. 错误

263. 在员工还未形成安全工作自律的情况下，要教育、培养员工自觉执行生产规章制度，做到令行禁止。(　　)

A. 正确　　　　B. 错误

264. 组织仪式是指组织各种班组文化活动或仪式来加强班组成员之间的交流，提高班组成员对班组文化的认同感，从而提高班组的凝聚力和向心力。(　　)

A. 正确　　　　B. 错误

265. 班组长的管理对象主要包括人、设备和时间等。(　　)

A. 正确　　　　B. 错误

266. 班组管理的特点是：管理者不过问琐事。(　　)

A. 正确　　　　B. 错误

267. 班组长和下属进行较长时间的谈话时，采用“打一巴掌揉三揉，别一棍子打死”的“双色糕”式的谈话法。(　)

A. 正确　　　　B. 错误

268. 班组管理中的“亲”，是指班组中要有亲和力，要让班组成员感觉班组是真正的职工之家，在班组中形成和谐的工作气氛。(　)

A. 正确　　　　B. 错误

269. 对于班组日常管理和生产安排，班组长有决策权。(　)

A. 正确　　　　B. 错误

270. 班组文化建设对于促进企业和班组的发展、激发员工的工作潜能、提升班组管理的有效性、提升班组的核心竞争力有着至关重要的作用。(　)

A. 正确　　　　B. 错误

271. 价值观对于班组团队建设的发展方向没有影响。(　)

A. 正确　　　　B. 错误

272. 文化可以理解为是一个群体在解决其外部适应性问题以及内部整合问题的过程中发展出来的、共享的认知模式。(　)

A. 正确　　　　B. 错误

273. 企业组织文体活动的核心目的，在于通过组织参与面广的，能让员工真正投入、进入的活动，提高团队的团结协调能力及互补性，增强集体荣誉感和归属感，提高工作效率和战斗

力。(　)

A. 正确　　B. 错误

274. 班组长是一线指挥官，因此提倡生产技术型班组长。(　)

A. 正确　　B. 错误

275. 新型组织管理中，组织成员拥有规划自己职业生涯的权利与机会。(　)

A. 正确　　B. 错误

276. 可在班组建设工作领导小组下成立考核工作小组，具体负责班组达标管理等班组建设工作的检查督促和考核奖惩工作。(　)

A. 正确　　B. 错误

277. 所谓班组自我管理或不用管理是以员工具有充分的自觉、自重和自律性为前提条件的。(　)

A. 正确　　B. 错误

278. 试用期不包括在劳动合同期限中。(　)

A. 正确　　B. 错误

279. 技术人员小王和小赵在编写某一程序时产生了口角，小王认为自己是对的，小赵认为自己是对的，在老班长的协调下，他们俩坐在一起就分歧的原因做出了分析，最后两人终于把此程序编写下来，以后也成了朋友。那么小王和小赵的冲突属于建设性冲突。(　)

A. 正确　　　　　　　　B. 错误

280. 为达到班组安全文化建设的目标，要讲究工作方法，即采用班组员工喜闻乐见的形式，有目的、有组织、有计划地开展班组安全文化宣传、教育、培训、实践活动。(　　)

A. 正确　　　　　　　　B. 错误

281. 授权是班组长可采用的领导方式之一。(　　)

A. 正确　　　　　　　　B. 错误

282. 班组长的职业准则明确：班组长是上级的代表，其言行是一种职务行为。(　　)

A. 正确　　　　　　　　B. 错误

283. 塑造出的团队精神会成为班组的理念、愿景与使命，随之而来会产生创造性张力，引领着员工行为。(　　)

A. 正确　　　　　　　　B. 错误

284. 班组人员管理主要包括定岗定员管理、出勤管理、技能管理、后备管理、排班管理、补员管理、员工轮岗和新员工管理等。(　　)

A. 正确　　　　　　　　B. 错误

285. 管理缺陷是指安全管理措施不到位或是管理松懈导致的、可能会对安全造成影响甚至引发事故的缺陷。(　　)

A. 正确　　　　　　　　B. 错误

286. 落实职工的民主管理监督权，也是企事业单位自身发展的客

观需要。(　)

A. 正确　　B. 错误

287. 当上级领导在作业中出现违章指挥时，工长有权拒绝执行。(　)

A. 正确　　B. 错误

288. 在企业中，如果希望员工有执行力，那么员工必须具备敬业精神。(　)

A. 正确　　B. 错误

289. 新进员工需经三级培训，班组长负责“上岗操作培训”“质量安全教育”“班组管理方式”培训，做好培训记录，确保新进员工掌握上岗的能力。(　)

A. 正确　　B. 错误

290. 意识只能通过人的行为体现出来，所以对员工团队意识的培育，也需要通过行为体现出来。(　)

A. 正确　　B. 错误

291. 企业职工作为企业的主体，理应享有民主管理监督权。(　)

A. 正确　　B. 错误

292. 温班长经常组织班组学习活动，对班组的学习和发展进行合理的管理，他这样做的好处在于增加班组员工之间的竞争。(　)

A. 正确　　B. 错误

293. 班组长的使命不包括防止工伤和重大事故的发生。(　　)

A. 正确　　B. 错误

294. 民主管理主要是通过工会代表和组织，发动职工民主参与企业经济活动和管理活动。(　　)

A. 正确　　B. 错误

295. 作为班组长要热爱班组工作、坚持原则不含糊。作为班组的带头人，要有强烈的事业心和责任感，大胆管理、坚持原则，善于协调干部和职工之间的关系。(　　)

A. 正确　　B. 错误

296. 班组文化建设的做法之一，就是在日常工作中，深入挖掘员工的精神和事迹，达到引导人、规范人、激活人、塑造人的目的。(　　)

A. 正确　　B. 错误

297. 团队一定是群体，但群体并不一定是团队。(　　)

A. 正确　　B. 错误

298. 众谋是指大家共同策划，详虑是指仔细论证，也就是今天所谓的民主决策。(　　)

A. 正确　　B. 错误

299. 班组安全文化建设原则包括零事故原则、危险预知原则、全员参加原则。(　　)

A. 正确　　B. 错误

300. 班组管理的重点是班组思想控制。(　)

A. 正确　　B. 错误

301. 如果一个人的积极性按100%计算，用物质激励只能提高其40%的积极性，而另外60%的积极性要靠精神激励。(　)

A. 正确　　B. 错误

302. 赏识是一种成本最低的激励方式。(　)

A. 正确　　B. 错误

303. 学习型组织尤其强调组织内的团队学习。(　)

A. 正确　　B. 错误

304. 职业人“三敬”包括：敬人、敬业、敬己。(　)

A. 正确　　B. 错误

305. 班组长管理人是对本班组职工的管理。(　)

A. 正确　　B. 错误

306. 状态管理是对已出勤员工的在岗工作状态进行管理。员工的精神状态、情绪、体力如何，通过观察员工表现和确认工作质量进行把握，确保员工人到岗、心到岗、状态到位、结果到位以及是否按时上下班和按要求加班等。(　)

A. 正确　　B. 错误

307. 班组是职工生活的“小家”，是社会主义精神文明建设的课堂，对培训和建设“四有”职工队伍发挥着“熔炉”作用。(　)

A. 正确　　　　　　　　　　B. 错误

308. 满意理论告诉管理者，有时候不要对员工的一些抱怨太“认真”，因为员工也许是“借题发挥”，而要进行深入细致的访谈和调查，找出抱怨的真正原因。(　　)

A. 正确　　　　　　　　　　B. 错误

309. 要注重运用标志性的文化仪式推动企业文化建设。(　　)

A. 正确　　　　　　　　　　B. 错误

310. 员工素质主要包含知识、能力、责任心三个方面，其中责任心是最重要的。(　　)

A. 正确　　　　　　　　　　B. 错误

311. 基层班组管理的人性化其要义在于，通过充分尊重人、理解人、信任人、帮助人、培养人，不断激发广大员工的主观能动性，最终创造出高效优质的产品。(　　)

A. 正确　　　　　　　　　　B. 错误

312. 看板管理的方式是受超市销售形式的启发而建立的，因此看板管理方式又称为超市方式。(　　)

A. 正确　　　　　　　　　　B. 错误

313. 士气管理就是管理者以班组员工士气培训、激发、调查、评估、诊断等工作为依托，充分尊重组织员工的个性需求，综合采取多种管理手段和方法，创造出良好的团队工作士气并实现班组目标。(　　)

A. 正确　　　　　　　　B. 错误

314. 在领导关系协调过程中处于主动、中心位置的基本要素是领导者。(　　)

A. 正确　　　　　　　　B. 错误

315. 班组管理必须结合企业文化进行。(　　)

A. 正确　　　　　　　　B. 错误

316. 有效地与他人共事的能力是指领导者的人际技能。(　　)

A. 正确　　　　　　　　B. 错误

317. 班组长应该善于发觉问题、解决问题、解决工作问题。(　　)

A. 正确　　　　　　　　B. 错误

318. 制订计划的每个阶段都要使班组成员参与，不能以强加的方式制定任何目标，这主要体现了让班组成员一致认可目标。(　　)

A. 正确　　　　　　　　B. 错误

319. 管理者以身作则，下属会自觉跟随，身教重于言传。(　　)

A. 正确　　　　　　　　B. 错误

320. 员工的培养是企业发展的关键，如果一个班组长做不好培养工作，就无法获得更强的班组竞争力。所以，作为一名班组长，在工作的时候要狠抓班组员工的培养，只有平时培养，才能多出人才。(　　)

A. 正确　　　　　　　　B. 错误

321. 班组是操作层，班组员工是企业各项工作的执行者，是班组安全文化最重要的执行者和实践者，在班组安全文化建设中起基石的作用。(　)

A. 正确　　B. 错误

322. 厂务公开是新时期加强职工监督，保证职工参与企业民主管理、民主决策和民主监督，依靠职工办好企业的一种很好的形式与手段。(　)

A. 正确　　B. 错误

323. 沟通要注重和每一个人进行良性的互动，既不能够偏重某些班组员工，使其他员工受到冷落；也不应该只顾自己，想说什么就说什么。(　)

A. 正确　　B. 错误

324. 班组员工培训的主要内容有：工作技能和专业知识、管理技能和组织技能、人际关系和沟通技能、客户关系和服务技能、个人成长、行业发展趋势、行业政策和法律法规，以及提高个人和家庭生活质量的知识等。班组长应根据员工特点和班组业务状况选择适合的培训内容。(　)

A. 正确　　B. 错误

325. 管理五大职能是：计划、组织、指挥、控制、协调。(　)

A. 正确　　B. 错误

326. 班组长的职责是：组织安排生产和抓好班组管理。(　)

A. 正确　　　　　　　　B. 错误

327. 某企业，所有人都把工作看得高于一切。这个企业能集中最出色、最具有创造性的人员共同实现目标。那么这个企业的文化类型可能属于任务型的企业文化。(　　)

A. 正确　　　　　　　　B. 错误

328. 按照贝尔宾团队角色理论的说法，一个高效的团队中每种角色都需要。(　　)

A. 正确　　　　　　　　B. 错误

329. 文化是生活方式，但不是通过人的行为体现出来的。(　　)

A. 正确　　　　　　　　B. 错误

330. 班组定岗是指班组根据生产工艺和班组职能管理的需要，作出明确的岗位设置和技能要求来确定人员的编制。(　　)

A. 正确　　　　　　　　B. 错误

331. 良好的班组文化是形成班组共同文化观的基础。(　　)

A. 正确　　　　　　　　B. 错误

332. 班组可通过内外部培训培养、轮岗交换、师傅“传帮带”等方式打造多能员工。(　　)

A. 正确　　　　　　　　B. 错误

333. 班组长应把组织职员学习创造作为班组建设的重要内容，通过学习形式，提高职员学习意识，提高学习能力。(　　)

A. 正确　　　　　　　　B. 错误

334. 班组精神是班组成员共同价值观的集中体现。(　)

A. 正确　　B. 错误

335. 班组长在日常工作中可以采用的激励方式有荣誉激励、目标激励、参与激励。(　)

A. 正确　　B. 错误

336. 新员工进入班组后必须进行安全培训。(　)

A. 正确　　B. 错误

337. 班组长的使命是提高产品质量、提高生产效率、降低成本、防止工伤和重大事故的发生。(　)

A. 正确　　B. 错误

338. 民主管理符合人的心理需求，能唤醒人的主体意识、发挥人的主观能动性，体现了人人平等的管理思想，因此也是管理者追求的一种管理艺术。(　)

A. 正确　　B. 错误

339. 班组长在管理中要协调好员工之间的关系，以提高员工的主观能动性和工作积极性。(　)

A. 正确　　B. 错误

340. 要想使班组具有合作的气氛，必须具备的条件包括班组具有明确的目标。(　)

A. 正确　　B. 错误

341. 班组自主管理建设要注重发挥职工的主观能动性，形成全员

参与班组管理的良好氛围。(　　)

A. 正确　　B. 错误

342. 团队中，实干者不会根据个人兴趣而是根据组织需要来完成工作的。(　　)

A. 正确　　B. 错误

343. 以权力服人是只靠权力使人服从，是被迫服从。(　　)

A. 正确　　B. 错误

344. “小张，我一点也不同意这种观点，但是，我能理解你，我们的意见出现分歧是有原因的。”小李的这段话并没有得到小张的任何回应，这种情况下，小李和小张之间的沟通是无效的。(　　)

A. 正确　　B. 错误

345. 李经理原先所在的单位把工作放在首位，客户受到尊重，员工通常愿意加班。后来，他进入另外一家公司，但该公司的管理制度却相反，李经理觉得在新企业中的工作很难开展。这说明企业文化能影响企业成员的行为。(　　)

A. 正确　　B. 错误

346. 定岗定员管理是班组建设的重要方法。(　　)

A. 正确　　B. 错误

347. 管理好员工最好采用刚性和柔性相结合的方式，刚柔相济才能管理好。(　　)

A. 正确 B. 错误

348. 制订培训计划或培训流程后进行标准化培训管理是核心骨干培训的核心。(　)

A. 正确 B. 错误

349. 敬业的人往往不满足自己已有的技能和取得的成绩，而是精益求精，不断开拓创新，以取得更大的进步，做出更大的成绩。(　)

A. 正确 B. 错误

350. 在班组员工队伍建设过程中，应建立健全班组员工培养体系。(　)

A. 正确 B. 错误

351. 成功班组长具有善于经营事业的特点。(　)

A. 正确 B. 错误

352. 班组民主管理会是班组民主管理的基本形式，是职工群众在班组行使民主管理权利和当家作主的具体体现。(　)

A. 正确 B. 错误

353. 场景赋能最直接的形式就是从“命令—控制式”转向“赋能—授权式”。(　)

A. 正确 B. 错误

354. 企业必须建立健全从业人员安全生产教育和培训制度，制订并落实安全生产教育和培训计划，建立培训档案，详细、准

确记录培训考核情况。(　　)

A. 正确　　B. 错误

355. 在头脑风暴法的实施过程中，小组成员可以发布重复观点。(　　)

A. 正确　　B. 错误

356. 企业文化建设的核心在于人本管理。(　　)

A. 正确　　B. 错误

357. 业绩既是一个团队存在的原因，又是其存在的结果。(　　)

A. 正确　　B. 错误

358. 同一用人单位与同一劳动者只能约定一次试用期。(　　)

A. 正确　　B. 错误

359. 班组长总是试图去找寻与现有组织成员的风格、价值观和信念完全一致的员工。(　　)

A. 正确　　B. 错误

360. 人本管理认为“人”是管理活动的核心和组织最重要的资源。(　　)

A. 正确　　B. 错误

361. 确立员工的价值观是班组团队建设的前提。(　　)

A 正确　　B. 错误

362. 管理是一个过程、一种艺术、一种借力的行为，是让别人与自己一道去实现既定的目标。

A. 正确　　B. 错误

363. 有些班组成员，业务技能高，但不怎么听从安排。对于这样的员工，班组长可采取的管理方法有设定目标、不断激励。(　)

A. 正确　　B. 错误

364. 奖励的办法不能经常变，也不能不变。也就是说，一方面要建立激励制度，另一方面也要与时俱进地调整激励制度。(　)

A. 正确　　B. 错误

365. 考勤表是用于记录员工每日出勤情况，是班组管理的基础记录，不属于查验。(　)

A. 正确　　B. 错误

366. 班组民主管理的最终目标是通过保障员工的主人翁地位，调动员工的积极性，促进班组建设与发展。(　)

A. 正确　　B. 错误

367. 工作与生活之间的时间冲突，本质是角色冲突。(　)

A. 正确　　B. 错误

368. 职业病病人变动工作单位，其依法享有的待遇不变。(　)

A. 正确　　B. 错误

369. 在头脑风暴法的实施过程中，小组应设立富有挑战性的目标，比如 15 分钟之内产生 30 个创意。(　)

A. 正确　　　　　　　　B. 错误

370. 有效的沟通必须是沟通渠道畅通的信息交流，沟通渠道出现任何障碍，都会影响沟通。(　)

A. 正确　　　　　　　　B. 错误

371. 班组文化应该是有助于团队目标的实现，同时能够适应企业战略要求和组织结构的。(　)

A. 正确　　　　　　　　B. 错误

372. 班组成员是班组的构成要素，是班组任务完成的关键，因此对班组成员的管理是班组管理的重要组成部分。但在实际工作中，班组在人员管理中存在着一些问题，一般不会影响班组的正常运行。(　)

A. 正确　　　　　　　　B. 错误

373. 班组文化的重要组成是执行力和员工敬业精神。(　)

A. 正确　　　　　　　　B. 错误

374. 作为工班长在开始挑人、用人之前，要细致分析岗位要求。(　)

A. 正确　　　　　　　　B. 错误

375. 对于爱抱怨的员工，班组长要能认真倾听他们的抱怨，并分析抱怨的根本原因。(　)

A. 正确　　　　　　　　B. 错误

376. 学习能力是在学习过程中形成和开展起来的，是学习主体运

用科学的学习方法独立获取、加工和利用信息，分析和解决实际问题的一种能力。(　)

A. 正确　　B. 错误

377. 法定权是厂规和法律中赋予班组长的其他权力，统称为法定权，例如信息处理权、流程改造权、设备更新权，也都属于法定权。(　)

A. 正确　　B. 错误

378. 优秀的班组文化能有效激发班组成员的工作潜能。(　)

A. 正确　　B. 错误

379. 沟通是人与人之间交往的重要形式，是一个人超越自身、与他人建立联系、丰富和扩展自身的主要途径。(　)

A. 正确　　B. 错误

380. 重视人的作用，满足人的全面自我发展要求是人本管理的核心思想。(　)

A. 正确　　B. 错误

381. 建设性冲突属于健康冲突特征。(　)

A. 正确　　B. 错误

382. 班组成员长期工作和生活在一起，能形成共同的人生观，这主要集中体现在班组精神上。(　)

A. 正确　　B. 错误

383. 班组员工的素质不仅直接关系到企业生产经营的成果，还直接关系到是否能够创造出优质产品。在选聘过程中，班组长主要是配合人力资源管理部门对所招聘人员的个人品格、个人能力及实际操作技能进行一定的考察。(　)

A. 正确　　B. 错误

384. 班组长在组织管理素质方面应懂得一定的现代科学管理技术。(　)

A. 正确　　B. 错误

385. 注重员工潜能的开发，综合考虑班组员工的技术等级、实际操作水平、文化水平、年龄等因素，合理地将员工进行最优组合，以求取长补短、相得益彰。(　)

A. 正确　　B. 错误

386. 如果组员犯错，班组长应采用强制手段。(　)

A. 正确　　B. 错误

387. 班组民主管理会对班组和班组工作具有审议、监督和维护职工群众合法权益的作用。(　)

A. 正确　　B. 错误

388. 文化建设单独作为一项工作时是没有生命力的，要围绕企业和团队的中心工作进行。(　)

A. 正确　　B. 错误

389. 在沟通中最需要的是认同。(　)

A. 正确　　B. 错误

390. 倾听各种观点、广泛征求班组成员意见都表明班组长对班组成员的自我意识的尊重。( )

A. 正确　　B. 错误

391. 现代企业班组长的主要职责可以分为生产管理、服务管理和人员管理。( )

A. 正确　　B. 错误

392. 人才育成主要是指提高生产一线员工基本操作技能和多能工的培养。( )

A. 正确　　B. 错误

393. 当一个班组中的大多数人意见高度一致时，常常容易做出比较冒险的决策。( )

A. 正确　　B. 错误

394. 头脑风暴法的小组成员不能超过三人。( )

A. 正确　　B. 错误

395. 班组定岗定员才能保证班组的正常运转。( )

A. 正确　　B. 错误

396. 班组长有权随意调配员工上班时间。( )

A. 正确　　B. 错误

397. 班组建设与管理是指在企业统一领导指挥下，按照科学规律而开展的一系列有利于提高职工素质和管理水平的活动。( )

A. 正确　　B. 错误

398. 安全教育和安全宣传足以体现安全文化的核心内容。(　)

A. 正确　　B. 错误

399. 职业道德是一种强制性的约束与监督机制。(　)

A. 正确　　B. 错误

400. 进行班组安全文化制度建设，包括安全文化宣传制度、安全文化教育制度、岗位安全生产职责制度、班组安全生产技术规程、岗位安全规范、班组安全性评价标准等制度。(　)

A. 正确　　B. 错误

401. 班组内部消除管理层级，建立一种人人管理、人人平等的组织形态，强调基于岗位职责的全员参与和全员管理，其核心是实现班组内部的人本管理，通过强化班组内部的协作和沟通，激发每一个人的活力和创造力，从而形成卓越的班组运营之道。(　)

A. 正确　　B. 错误

402. 班组建设的首要任务是给班组立法，建立完善的管理体系，明确岗位职责和执行标准，做到凡事有章可循。(　)

A. 正确　　B. 错误

403. 班组文化是班组管理的灵魂，班组文化建设是班组建设的主要内容。(　)

A. 正确　　B. 错误

404. 一般而言，班组民主管理的组织形式主要有班组民主会、班组核心会、工人民主管理员，并以此构成班组民主管理的组织体系。(　　)

A. 正确　　　　　　　　　　B. 错误

405. 员工的自我发展不会对团队利益造成影响。(　　)

A. 正确　　　　　　　　　　B. 错误

406. 企业文化是指企业在实践中，逐步形成的为全体员工所认同、遵守，带有本企业特色的价值观念、经营准则、经营作风、企业精神、道德规范、发展目标的总和。(　　)

A. 正确　　　　　　　　　　B. 错误

407. 班组长虽然要做到“以身作则、言传身教”，但是不用非得引导、培训班组员工。(　　)

A. 正确　　　　　　　　　　B. 错误

408. 领导者想要与下属沟通顺畅，必须明确两者的阶级差异，让下属时刻听命于自己。(　　)

A. 正确　　　　　　　　　　B. 错误

409. 劳动保护在我国也称为劳动安全卫生。(　　)

A. 正确　　　　　　　　　　B. 错误

410. 核心价值观是塑造员工行为的基本理念。(　　)

A. 正确　　　　　　　　　　B. 错误

411. 班组长和员工商定行动计划之后，接着应该就可衡量的行动

步骤达成共识。(　　)

A. 正确　　B. 错误

412. 群体领导始终是对群体产生重要影响的关键因素，因此一个群体的领导者只能正式任命，不能从群体成员中自发产生出来。(　　)

A. 正确　　B. 错误

413. 员工素质主要包含知识、能力、责任心三个方面，其中知识是最重要的。(　　)

A. 正确　　B. 错误

414. 人与组织共同成长是人本管理的价值取向。(　　)

A. 正确　　B. 错误

415. 班组长在指导之前要了解员工的工作状况，包括：工作进度，有无拖延情况；工作质量，是否达到设定标准；工作态度，是否存在消极懈怠、不负责任的现象。(　　)

A. 正确　　B. 错误

416. 沟通是实现和谐管理的工具、桥梁和方法。(　　)

A. 正确　　B. 错误

417. 在激烈的竞争的市场条件下，员工的敬业程度往往是企业生存和发展的先决条件。(　　)

A. 正确　　B. 错误

418. 职工代表大会制度在推动企业改革、促进经济发展、维护职

工合法权益等方面都发挥着重要作用。(　)

A. 正确　　B. 错误

419. 一种好的文化管理模式，是一种凝聚人心以实现自我价值、提升企业竞争力的无形力量。(　)

A. 正确　　B. 错误

420. 在试用期内，用人单位与劳动者双方不可以随时解除劳动合同。(　)

A. 正确　　B. 错误

421. 团队保持高绩效的根源在于其成员个人能力的卓越。(　)

A. 正确　　B. 错误

422. 当企业制定涉及职工利益的规章制度以及召开研究劳动用工、劳动报酬、劳动条件、生活福利、社会保障等问题的会议时，都应当依法通知工会的代表参加。(　)

A. 正确　　B. 错误

423. 从企业管理结构来说，班组长是企业最基层的执行者。(　)

A. 正确　　B. 错误

424. 企业文化是高层关注的内容。(　)

A. 正确　　B. 错误

425. 班组是企业的细胞，是企业各项工作的落脚点和企业竞争力的根基。(　)

A. 正确　　B. 错误

426. 管理者应该通过自己和其他人的共同努力，来完成自己的工作目标。(　)

A. 正确　　B. 错误

427. 短期安全靠管理，长期安全必须靠文化。(　)

A. 正确　　B. 错误

428. 郑某因违反企业规章制度被解除劳动合同，他不可以享受失业保险待遇。(　)

A. 正确　　B. 错误

429. 对 QC 小组组长的要求是具有一定的组织能力、业务知识较丰富，能够全身心投入全面质量管理中。(　)

A. 正确　　B. 错误

430. 小王是企业在职职工，响应国家号召参军入伍，此时企业不可以解除与小王订立的劳动合同。(　)

A. 正确　　B. 错误

431. 民主管理必须要求有序参与、依法维权、和谐维权。(　)

A. 正确　　B. 错误

432. 当下属的成熟水平不断地提高时，领导者可以减少对其活动的控制。(　)

A. 正确　　B. 错误

433. 班组长有意识地进行角色示范及指导中采用的“四阶段指导法”，在实际操作层面需要做到：请员工独自做并纠正错误；

让员工边做边说明操作步骤；让员工进一步重申要点；做得好及时赞美，增强员工信心直至学会。(　)

A. 正确　　B. 错误

434. 班组长可通过工作观察了解员工表现和积极性来确认出勤精神状态、情绪、体能等，必要时可以进行沟通、交流、关心及开导。(　)

A. 正确　　B. 错误

435. “组织仪式”是组织各种班组文化活动或仪式来增强班组员工的沟通与交流，提高班组成员对班组文化的认同感，从而提高班组凝聚力和向心力。(　)

A. 正确　　B. 错误

436. 民主管理会由班组全体职工参加，班组长主持，开展班组的民主管理活动。(　)

A. 正确　　B. 错误

437. 新型组织的特征是持续变化、打破平衡、具有更多可能性、拥有动态的组织环境。(　)

A. 正确　　B. 错误

438. 班组长的管理职能主要包括计划、互控和监督等。(　)

A. 正确　　B. 错误

439. 班组长应把组织职员考勤作为班组建设的重要内容，通过严抓考勤等形式，增强职员时间意识，提高工作效率。(　)

A. 正确　　　　　　　　　　B. 错误

440. 班组人员的个人品格、个人能力以及上岗操作都是选聘班组人员的一般标准，对生产过程的安全来说并不重要。(　)

A. 正确　　　　　　　　　　B. 错误

441. 厂务公开的实质是加强职工的民主监督，即把权力运作过程公开化，置于职工的面前。(　)

A. 正确　　　　　　　　　　B. 错误

442. 在团队中，按照贝尔宾的团队角色理论，一个人只能担任一种角色。(　)

A. 正确　　　　　　　　　　B. 错误

443. 明确出勤管理制度，让班组员工明白如何记录考勤、怎样才算有效考勤以及考勤管理的规则，才能做好班组员工考勤管理。(　)

A. 正确　　　　　　　　　　B. 错误

444. 在新员工定岗后，班组长应指导新员工尽快适应公司环境及岗位要求；班组长可将本班组表现突出的老员工作为新员工学习的榜样，为新员工制定合理的目标；班组长还要多关心新员工的工作和生活情况，及时与其进行沟通，帮助新员工快速成长。(　)

A. 正确　　　　　　　　　　B. 错误

445. 员工操作岗位要与上岗证相符。(　)

A. 正确　　　　　　　　B. 错误

446. 生产现场的操作工、维修工是班组的核心组成成员，必须充分肯定他们在班组生产经营活动中的主体作用。(　)

A. 正确　　　　　　　　B. 错误

447. 提高生产效率，首先从现有的人员中去开掘，尽可能地发挥他们的特点，激发员工的工作热情，提高工作的积极性。(　)

A. 正确　　　　　　　　B. 错误

448. 建设班组文化的关键要求是从团队自身职责出发，以对整个企业的责任来界定合适的文化。(　)

A. 正确　　　　　　　　B. 错误

449. 企业哲学、信条及规章流程的正式声明，是强调企业和班组中特别事务的一种方式，让班组恢复士气，提醒人们不要遗忘企业的基本理念。(　)

A. 正确　　　　　　　　B. 错误

450. 班组民主管理要按照有关法规和条例，结合班组实际，建立健全各种民主管理制度，使班组工作有序进行。(　)

A. 正确　　　　　　　　B. 错误

451. 班组事务公开没有必要进行检查考核。(　)

A. 正确　　　　　　　　B. 错误

452. 有些艺术家为了创造传世之作，宁愿终日与贫困为伴。这种

情况说明在低层次的需求没有完全实现之前，人们也可能追求高层次的需求。(　　)

A. 正确　　B. 错误

453. 在班组管理中“传帮带”是一种传统的以老带新的工作方法。(　　)

A. 正确　　B. 错误

454. 女职工在规定的产假期间的工资，由用人单位按照该职工原工资标准发放。已参加生育保险的用人单位，其女职工在产假期间的工资，按规定从生育保险基金中支付。(　　)

A. 正确　　B. 错误

455. 文化活动也是班组文化要素中不可缺少的一项。(　　)

A. 正确　　B. 错误

456. 工作本身对下级也有激励作用，工作的新颖性、挑战性、责任感等各种因素对于年轻员工尤其具有激励的作用。(　　)

A. 正确　　B. 错误

457. 班组管理的特点是关注“关系”。(　　)

A. 正确　　B. 错误

458. 面对员工时要代表员工是班组长的重要职责。(　　)

A. 正确　　B. 错误

459. 企业文化比较虚，主要是领导的事，对基层班组作用有限。(　　)

A. 正确　　　　　　　　B. 错误

460. 业务指导培训对完成相对专一任务十分有效，但这种方法需要与其他方法配合才能收到好的效果。(　　)

A. 正确　　　　　　　　B. 错误

461. 对从事接触职业病危害的作业的劳动者，用人单位应当按照国务院安全生产监督管理部门、卫生行政部门的规定组织上岗前、在岗期间和离岗时的职业健康检查，并将检查结果书面告知劳动者。(　　)

A. 正确　　　　　　　　B. 错误

462. 严肃查处各种违章行为，决不能姑息迁就，同时必须关心爱护员工的身心健康，提倡安全自律。(　　)

A. 正确　　　　　　　　B. 错误

463. 民主管理是班组管理工作的核心，可以以多种形式贯穿于班组工作的各种方面。(　　)

A. 正确　　　　　　　　B. 错误

464. 劳动者离开用人单位时，有权索取本人职业健康监护档案复印件，用人单位应当如实、无偿提供，并在所提供的复印件上签章。(　　)

A. 正确　　　　　　　　B. 错误

465. 压力管理不仅是自己的事情，同时也需要积极互动和协作关系，这样可以提供支持和指导，帮助那些需要缓解压力的

人。(　)

A. 正确　　B. 错误

466. 人、岗、事三者之间合理配置，是提高班组劳动生产效率的根本手段。(　)

A. 正确　　B. 错误

467. 价值观是主体对客体意义判断与选择的结果，形成观念和看法并为主体的行为提供正当理由，简而言之就是人的道德判断。(　)

A. 正确　　B. 错误

468. 作为团队领导，支持员工学习的形式和方式是多种多样的，团队领导一般不采用学员角色帮助员工学习。(　)

A. 正确　　B. 错误

469. 班组设置工管员的数量和设置什么工管员，都应根据班组管理的实际需要确定，贯彻少而精、突出班组管理重点的原则。通常情况下，可设置七大工管员，即政治宣传员、技术质量员、经济核算员、安全设备员、材料工具员、劳动考勤员和生活福利员。(　)

A. 正确　　B. 错误

470. 某团队领导经常为不能定期举行团队会议而苦恼。其实从建立团队共同意识的角度考虑，对待团队会议的正确看法应该是举行团队会议可以是正式的，也可以是非正式的。(　)

A. 正确　　　　　　　　B. 错误

471. 班组民主建设要尊重班组长的管理地位，发挥班组自主权，引导和支持员工进行民主管理、自主管理。(　)

A. 正确　　　　　　　　B. 错误

472. 工会小组长向班组长负责，贯彻班组民主管理会的决定。(　)

A. 正确　　　　　　　　B. 错误

473. 从理论上来说，班组的概念等于团队的概念，所以班组等于团队。(　)

A. 正确　　　　　　　　B. 错误

474. 团队是指为了实现某一共同目标，由相互协作能力互补的个体进行创造性劳动，并共同承担责任所组成的正式群体。(　)

A. 正确　　　　　　　　B. 错误

475. 班组长在专业技术素质方面要有原则性和民主意识。(　)

A. 正确　　　　　　　　B. 错误

476. 在头脑风暴法表达过程中，小组成员的发言没有特定的思维框架、模式、条件限制。(　)

A. 正确　　　　　　　　B. 错误

477. 落实安全责任制是安全文化的重要内容。(　)

A. 正确　　　　　　　　B. 错误

478. “榜样教育”是以班组的优秀事迹、优秀员工为榜样，树立标杆进行学习。(　)

A. 正确　　B. 错误

479. 张班长认为建立班组成员之间的公开性是很重要的，他通常为班组成员创造一些机会和环境，帮助他们增加班组成员之间的公开性。对公开性的建立不起作用的是班组成员各自都有自己单独做事的方式。(　)

A. 正确　　B. 错误

480. 员工出勤管理是班组员工管理的主要方面，事关员工考勤管理和工资结算，影响到现场人员调配和生产进度，涉及人员状态把握和班组能否正常运转。随时把握员工的出勤状态并进行动态调整，才能确保日常生产顺利进行。(　)

A. 正确　　B. 错误

481. 个人能力属于团队精神的内容。(　)

A. 正确　　B. 错误

482. 让员工与企业一起进步是班组长的责任。(　)

A. 正确　　B. 错误

483. 下级对上级可以越级申诉，但不能越级报告。(　)

A. 正确　　B. 错误

484. 5S 管理需要全员参与，如果有部分成员就是跟不上进度，或内心抵制，5S 管理就会失败。(　)

A. 正确　　B. 错误

485. 学习型班组就是通过看书、读报、听课等进行学习，或是为了解决某个问题而进行学习。(　)

A. 正确　　B. 错误

486. 班组长应该具有分辨班组员工的特性与发展潜力的能力。(　)

A. 正确　　B. 错误

487. 人本管理的主体是企业的全体员工，授权是关键。(　)

A. 正确　　B. 错误

488. 非权力因素与职位权力没有密切的关系，但是非权力因素却能有效地间接影响权力因素的运用。(　)

A. 正确　　B. 错误

489. 员工自主管理活动是在班组建立起一套责任体系，成员间角色替换，其效果是实现成员自我控制与他人控制交互作用。(　)

A. 正确　　B. 错误

490. 再多的事情都可分为四类：重要且紧急、重要不紧急、不重要但紧急、不重要不紧急。(　)

A. 正确　　B. 错误

491. 岗位员工应熟知岗位安全生产职责、安全操作规程、现场应急处置方案等，火场扑救原则是先人后物、先重点后一般、

先控制后消灭。(　)

A. 正确　　B. 错误

492. 即使在市场经济时代，也要提倡干一行、爱一行、专一行。(　)

A. 正确　　B. 错误

493. 班组文化表现的是一种班组风格。(　)

A. 正确　　B. 错误

494. 根据马斯洛需要层次理论的表述，人在低级层次的需求没有被满足时会先追求更高级的需求。(　)

A. 正确　　B. 错误

495. 塑造员工自我发展的工作环境的基点是认识班组成员的需要，核心在引导班组成员把工作当作一种自己的事业来追求。(　)

A. 正确　　B. 错误

496. 利润最大化是一个企业的头等大事，企业文化建设对企业利润的实现阻碍不大。(　)

A. 正确　　B. 错误

497. 作为班组长，应把握授权技能，但在自己必须做一些更为重要的工作的情形下，不能授权。(　)

A. 正确　　B. 错误

498. 企业愿景是企业发展的未来蓝图，是企业高层领导制定的，

与基层员工关系不大。(　　)

A. 正确　　　　B. 错误

499. 班组文化要立足班组实际，体现本班组特色，能够被本班组成员高度认同。(　　)

A. 正确　　　　B. 错误

500. 班组也像人一样，有自己特有的性格、层次、思想、精神内涵，这些东西的抽象体现就是班组理念。(　　)

A. 正确　　　　B. 错误

501. 小型班组不需要班组建设，只有大型班组才需要。(　　)

A. 正确　　　　B. 错误

502. 班组长无权力和责任制止无特种作业资格人员进行特殊工种作业。(　　)

A. 正确　　　　B. 错误

503. 使命是企业的根本任务，是为完成社会角色承担的基本责任。(　　)

A. 正确　　　　B. 错误

504. 现场最能反映出员工的思想动态。(　　)

A. 正确　　　　B. 错误

505. 当你具备了一定的个人影响力之后，应在不得不用的关键时刻使用，以应付突发事件或紧急任务。(　　)

A. 正确　　　　B. 错误

506. 制度化、精细化的考勤管理是减少劳动争议的重要基础，是核算班组员工工资的重要保障。(　)

A. 正确　　B. 错误

507. 工会组织对用人单位违反职业病防治法律法规，侵犯劳动者合法权益的行为，有权给予行政处罚。(　)

A. 正确　　B. 错误

508. 班组文化建设应该与企业的总体发展战略目标保持一致，服从于企业发展战略目标。(　)

A. 正确　　B. 错误

509. 班组长是企业的生产管理者。(　)

A. 正确　　B. 错误

510. 价值观对动机有导向作用，在同样条件下不同价值观的人的动机模式不同，产生的行为也不同。(　)

A. 正确　　B. 错误

511. 员工出勤管理是班组员工管理的首要方面。(　)

A. 正确　　B. 错误

512. 所有班组成员的个人目标综合体现为班组团队目标。(　)

A. 正确　　B. 错误

513. 岗位自控是指自控型职工具备自我学习能力，胜任岗位工作。(　)

A. 正确　　B. 错误

514. 团队管理者要高度重视企业文化建设，积极主张，并身体力行，用文化的作用来整合团队的管理、品牌和形象，才能使员工思想观念和队伍建设有新的发展。(　)

A. 正确　　B. 错误

515. 克服身份制度的负面影响，借用身份认同激活组织成员，是管控到赋能的途径。(　)

A. 正确　　B. 错误

516. 作业观察是班组长的事情，只要班组长长期性展开作业观察，标准作业的有效执行就有了保证。(　)

A. 正确　　B. 错误

517. 沟通的两个基本原则是没有利益冲突、地位平等。(　)

A. 正确　　B. 错误

518. 班组技能建设要健全员工的培养、使用激励机制，完善员工绩效考核和评价，开展岗位技能认证和员工能力评估，培养一专多能型人才。(　)

A. 正确　　B. 错误

519. 生产安排最重要的是依据生产计划，日常管理中班组长应对人员、设备、方法、材料娴熟，才能正确地指导员工，帮助员工在工作中作出正确的判断。(　)

A. 正确　　B. 错误

520. 不同管理层次的技能要求不同，班组长、一线主管的技能结

构要求主要是专业技能和人际技能。( )

A. 正确 B. 错误

521. 团队与基层组织的区别在于，基层组织只是规定完成的任务，没有符合理想、认同感很强的业绩目标；成员之间相互影响主要表现在交流信息、经验或看法上，相互之间不互补；只要求每人尽职尽责，不是共同承担责任。( )

A. 正确 B. 错误

522. 民主管理是班组管理工作的灵魂。( )

A. 正确 B. 错误

523. 班组文化是企业文化的有机组成部分，是指班组成员共同认定的思维方式和办事风格，是班组成员付诸实践的共同价值观体系。( )

A. 正确 B. 错误

524. 团队成员强调一专多能，要求能够比较熟悉团队内其他工作人员的工作，保证工作顺利进行。( )

A. 正确 B. 错误

525. 班组长是现场管理的第一责任人。( )

A. 正确 B. 错误

526. 班组长做好定岗定员可以保障生产班组整体工作的畅通。( )

A. 正确 B. 错误

527. 班组长率领员工在一线完成任务，言传身教传授给新员工技术，鼓励士气以攻克生产难关，执行上级指示，做到上情下达和下情上达，做好公司精神和员工反映的沟通桥梁，是上下左右的协调配合者。(　)

A. 正确　　B. 错误

528. 核心骨干是满足班组生产需求和管理后备人才梯队建设的培训对象。(　)

A. 正确　　B. 错误

529. 简单地说，道德就是讲人的行为应该怎样和不应该怎样的问题。(　)

A. 正确　　B. 错误

530. 个人愿景能够融入班组共同愿景，产生创造性张力，在自我超越的基础上实现班组共同超越。(　)

A. 正确　　B. 错误

531. 班组文化建设应该与企业的总体发展战略目标保持一致，服从于企业发展的战略目标。(　)

A. 正确　　B. 错误

532. 新型组织管理以人的工作产出作为评价标准，让产出更显性化，从而获得高绩效。(　)

A. 正确　　B. 错误

533. 民主管理是一种群众参与下的多数人管理多数人的管

理。( )

A. 正确 B. 错误

534. 优秀的员工是企业的名片。( )

A. 正确 B. 错误

535. 车间的班组长是公司与生产员工的主要沟通桥梁。公司班组长的管理好坏，将直接影响公司产品的生产进度。( )

A. 正确 B. 错误

536. 班组长在管理中必须要遵循“管理无小事”的原则，做到班前布置、中间控制、事后检查三步骤。( )

A. 正确 B. 错误

537. 员工能力靠培养，性格只能靠挑选。( )

A. 正确 B. 错误

538. 班组中人员的配备应以“精简高效、工作饱和”为原则，保证工作的高效产出。( )

A. 正确 B. 错误

539. 试用期包括在劳动合同期限中。( )

A. 正确 B. 错误

540. 当完成工作任务需要运用多种技能、判断和经验时，团队工作产生的效果明显优于个体工作。( )

A. 正确 B. 错误

541. 班组文化理念系统建设，即总结和提炼存在于班组成员思想

和行为中的观念和共识。(　)

A. 正确　　B. 错误

542. 班组长无权随意调配员工上班时间。(　)

A. 正确　　B. 错误

543. 班组安全文化，是企业最基础的安全素质，是班组成员对安全生产所抱的态度和所产生的行为。(　)

A. 正确　　B. 错误

544. 既然班组的建制已经固定，团队管理的作用就不大了。(　)

A. 正确　　B. 错误

545. 作为班组长，应掌握授权技能，但在自己想放弃一些职责的情况下，不能授权。(　)

A. 正确　　B. 错误

546. 人员是构成团队最核心的力量。(　)

A. 正确　　B. 错误

547. 员工岗位操作培训要依据标准作业、工艺卡进行。(　)

A. 正确　　B. 错误

548. 作为班组长，应把握授权技能，但在班组中部分成员做这件事比自己做得好的情形下，不能授权。(　)

A. 正确　　B. 错误

549. 团队精神就是针对某种共同的目标，在团队中体现出的一种符合团队成员理想的、大家认同感很强的思维意识和一般心

理状态。(   )

A. 正确　　B. 错误

550. 激励理论包括内容激励理论、行为改造理论、过程激励理论。(   )

A. 正确　　B. 错误

551. 班组长角色定位错误主要有角色错位、角色模糊、角色混乱三种情况。(   )

A. 正确　　B. 错误

552. 团队的内涵包括沟通、合作、共事、协助。(   )

A. 正确　　B. 错误

553. 企业文化的三层次结构包括精神文化、制度文化、物质文化。其中，精神文化是基础核心，是企业文化的内容实质。(   )

A. 正确　　B. 错误

554. 民主管理是相对于绝对服从、绝对权威的管理而言的，是现代企业管理学提倡的管理方法之一。(   )

A. 正确　　B. 错误

555. 班会是班组民主管理中的一项重要内容。(   )

A. 正确　　B. 错误

556. 管理者应具备的管理能力可以理解为管理者能有效调动各种资源。(   )

A. 正确　　　　　　　　　　　B. 错误

557. 一个班组就是一个团队。(　　)

A. 正确　　　　　　　　　　　B. 错误

参考答案

单项选择题

1. A	2. C	3. A	4. C	5. B
6. D	7. B	8. C	9. A	10. B
11. D	12. C	13. A	14. B	15. C
16. B	17. D	18. B	19. A	20. D
21. B	22. A	23. C	24. C	25. D
26. D	27. C	28. C	29. C	30. D
31. C	32. D	33. D	34. D	35. C
36. A	37. A	38. D	39. D	40. B
41. D	42. C	43. B	44. C	45. C
46. D	47. C	48. A	49. A	50. C
51. D	52. C	53. B	54. A	55. A
56. D	57. A	58. C	59. A	60. A
61. A	62. D	63. D	64. D	65. C
66. B	67. D	68. D	69. B	70. B
71. C	72. C	73. A	74. D	75. C
76. C	77. C	78. A	79. B	80. B
81. C	82. B	83. D	84. E	85. D
86. D	87. C	88. D	89. B	90. B

91. B	92. B	93. B	94. B	95. A
96. B	97. B	98. C	99. B	100. B
101. D	102. C	103. A	104. A	105. C
106. C	107. B	108. D	109. B	110. A
111. D	112. B	113. C	114. C	115. D
116. B	117. A	118. A	119. B	120. D
121. D	122. D	123. A	124. D	125. A
126. C	127. C	128. A	129. B	130. D
131. B	132. D	133. A	134. A	135. C
136. D	137. B	138. D	139. A	140. B
141. B	142. D	143. B	144. C	145. B
146. D	147. C	148. A	149. D	150. C
151. B	152. A	153. C	154. A	155. C
156. D	157. C	158. C	159. B	160. B
161. A	162. C	163. C	164. B	165. C
166. D	167. A	168. A	169. B	170. C
171. D	172. B	173. A	174. C	175. C
176. B	177. C	178. C	179. D	180. D
181. D	182. A	183. C	184. B	185. D
186. D	187. C	188. C	189. C	190. C
191. A	192. B	193. D	194. A	195. A

196. B	197. A	198. C	199. B	200. C
201. A	202. D	203. C	204. D	205. C
206. C	207. D	208. B	209. C	210. D
211. A	212. D	213. B	214. A	215. D
216. D	217. B	218. E	219. A	220. B
221. D	222. D	223. D	224. C	225. D
226. B	227. C	228. D	229. B	230. B
231. D	232. C	233. D	234. D	235. A
236. B	237. B	238. A	239. D	240. B
241. A	242. B	243. D	244. C	245. A
246. D	247. C	248. A	249. D	250. B
251. D	252. A	253. D	254. B	255. A
256. B	257. A	258. A	259. A	260. A
261. C	262. A	263. B	264. B	265. D
266. A	267. B	268. B	269. A	270. C
271. C	272. A	273. D	274. C	275. C
276. C	277. D	278. B	279. D	280. C
281. C	282. D	283. B	284. B	285. B
286. B	287. B	288. A	289. B	290. B
291. D	292. B	293. B	294. A	295. B
296. B	297. D	298. D	299. D	300. C

301. B	302. A	303. B	304. A	305. C
306. A	307. B	308. C	309. C	310. B
311. A	312. A	313. C	314. B	315. B
316. A	317. A	318. B	319. A	320. C
321. B	322. C	323. C	324. B	325. C
326. D				

多项选择题

1. ABC	2. ABD	3. ABCD	4. ABCD
5. ABCDEF	6. ABCD	7. ABC	8. ABCD
9. ACD	10. ABCD	11. BCD	12. ABCDEF
13. ABC	14. ABCDEF	15. ABD	16. ABD
17. ABCDE	18. ABD	19. ABCD	20. AB
21. ABCD	22. ABD	23. ABCD	24. ABCDEF
25. ABCD	26. ABC	27. ABCD	28. AB
29. ABD	30. ABCD	31. ACDE	32. ABCD
33. ABCD	34. ABD	35. ABCD	36. AB
37. ABD	38. ABD	39. ABC	40. ABCD
41. BC	42. ABC	43. AC	44. ACD

45. ABCDEF	46. ABCDEF	47. ABCD	48. ACD
49. AB	50. BD	51. ABCD	52. ABCD
53. ACD	54. BC	55. ABC	56. ABC
57. AB	58. ABCD	59. ABCD	60. ABCD
61. ABD	62. ABCD	63. ABCD	64. ABCD
65. ABC	66. ABCD	67. ABC	68. BC
69. ABCDE	70. ABC	71. ABCD	72. ABCD
73. ABCD	74. AC	75. ABC	76. ACD
77. ABCD	78. ABCD	79. ABCD	80. ABCD
81. ABCD	82. ABCD	83. BD	84. ABCD
85. ABCDE	86. BCD	87. ABCDE	88. ABCD
89. ABCD	90. ABCD	91. ABCD	92. ABCD
93. ABCDE	94. CD	95. ABC	96. ABCDE
97. ABCD	98. BC	99. ABCD	100. ABCD
101. BCD	102. ABCD	103. ABCD	104. AB
105. ACD	106. AC	107. ABC	108. ABCD
109. ABC	110. ABCD	111. AB	112. ACD
113. ABC	114. ABCDEF	115. ABCD	116. BCD
117. ABCD	118. ABCD	119. ABC	120. ABC
121. ABCDE	122. ABD	123. BCD	124. ABC
125. ABCD	126. ABCD	127. ABC	128. ABCDEF

129. ABCD	130. ABC	131. ABCDE	132. BCD
133. BCD	134. ABCD	135. ABCD	136. ACD
137. ACD	138. ACD	139. ABC	140. ABCD
141. ABCD	142. BCD	143. ABCD	144. AB
145. ABCD	146. ACD	147. ABCDE	148. ABCD
149. ABCD	150. ABCDE	151. ABCD	152. ABCD
153. ABC	154. ABCD	155. ABD	156. BCD
157. AB	158. ACD	159. AB	160. ABCD
161. ABCD	162. BCD	163. ABC	164. ABCDEF
165. ABCD	166. AB	167. ABCD	168. AC
169. ABCD	170. ABCD	171. ABCD	172. ABCDE
173. ABCD	174. ABCD	175. ABCD	176. ABCD
177. ABD	178. ABD	179. ABCD	180. ABCD
181. ABC	182. ABC	183. ABD	184. ABCD
185. ACD	186. BCD	187. ABCD	188. ABCDE
189. ABD	190. ABD	191. ABD	192. BCD
193. ABCD	194. ABCD	195. ABCD	196. BCD
197. AB	198. ABCD	199. ABD	

判断题

1. A	2. B	3. A	4. A	5. A
6. A	7. A	8. A	9. A	10. A
11. A	12. A	13. A	14. A	15. A
16. A	17. A	18. A	19. B	20. A
21. A	22. A	23. B	24. A	25. A
26. A	27. A	28. A	29. B	30. B
31. A	32. A	33. A	34. A	35. B
36. A	37. B	38. A	39. A	40. A
41. B	42. A	43. A	44. B	45. A
46. A	47. A	48. A	49. B	50. A
51. A	52. B	53. A	54. A	55. A
56. B	57. B	58. A	59. A	60. A
61. A	62. B	63. A	64. A	65. B
66. A	67. A	68. B	69. B	70. A
71. A	72. A	73. A	74. B	75. A
76. A	77. B	78. A	79. B	80. A
81. A	82. A	83. B	84. A	85. A
86. A	87. B	88. A	89. A	90. B

91. A	92. B	93. B	94. A	95. A
96. A	97. A	98. A	99. B	100. A
101. A	102. B	103. A	104. A	105. B
106. B	107. A	108. A	109. A	110. A
111. A	112. A	113. A	114. A	115. B
116. B	117. A	118. B	119. A	120. A
121. A	122. A	123. A	124. A	125. A
126. B	127. A	128. A	129. A	130. B
131. A	132. A	133. B	134. A	135. A
136. A	137. A	138. A	139. A	140. A
141. A	142. A	143. A	144. A	145. A
146. B	147. A	148. A	149. A	150. A
151. A	152. A	153. B	154. B	155. A
156. A	157. B	158. A	159. A	160. B
161. A	162. A	163. A	164. A	165. A
166. A	167. A	168. A	169. A	170. A
171. B	172. B	173. A	174. A	175. A
176. A	177. A	178. B	179. B	180. A
181. A	182. A	183. A	184. B	185. A
186. A	187. B	188. A	189. A	190. A
191. A	192. B	193. A	194. A	195. A

196. A	197. A	198. A	199. A	200. A
201. A	202. B	203. A	204. A	205. A
206. A	207. A	208. A	209. A	210. A
211. A	212. A	213. A	214. A	215. A
216. A	217. A	218. A	219. A	220. A
221. B	222. A	223. B	224. A	225. A
226. B	227. A	228. A	229. A	230. A
231. A	232. A	233. B	234. B	235. A
236. A	237. A	238. A	239. A	240. A
241. A	242. B	243. B	244. B	245. A
246. A	247. A	248. A	249. A	250. B
251. A	252. B	253. A	254. A	255. A
256. B	257. A	258. A	259. B	260. A
261. A	262. A	263. A	264. A	265. B
266. B	267. A	268. A	269. A	270. A
271. B	272. A	273. A	274. B	275. A
276. A	277. A	278. B	279. A	280. A
281. A	282. A	283. A	284. A	285. A
286. A	287. A	288. A	289. A	290. A
291. A	292. B	293. B	294. A	295. A
296. A	297. A	298. A	299. A	300. B

301. B	302. A	303. A	304. A	305. A
306. A	307. A	308. A	309. A	310. A
311. A	312. A	313. A	314. A	315. A
316. A	317. A	318. A	319. A	320. A
321. A	322. A	323. A	324. A	325. A
326. A	327. A	328. A	329. B	330. A
331. A	332. A	333. A	334. A	335. A
336. A	337. A	338. A	339. A	340. A
341. A	342. A	343. A	344. A	345. A
346. A	347. A	348. B	349. A	350. A
351. A	352. A	353. A	354. A	355. B
356. A	357. A	358. A	359. B	360. A
361. A	362. A	363. A	364. A	365. B
366. A	367. A	368. A	369. A	370. A
371. A	372. B	373. A	374. A	375. A
376. A	377. A	378. A	379. A	380. A
381. A	382. B	383. A	384. A	385. A
386. B	387. A	388. A	389. A	390. A
391. A	392. B	393. A	394. B	395. A
396. B	397. A	398. B	399. B	400. A
401. A	402. A	403. A	404. A	405. B

406. A	407. B	408. B	409. A	410. A
411. A	412. B	413. B	414. A	415. A
416. A	417. A	418. A	419. A	420. B
421. B	422. A	423. B	424. B	425. A
426. A	427. A	428. B	429. A	430. A
431. A	432. A	433. A	434. A	435. A
436. B	437. A	438. B	439. B	440. B
441. A	442. B	443. A	444. A	445. A
446. A	447. A	448. A	449. A	450. A
451. B	452. A	453. A	454. A	455. A
456. A	457. B	458. B	459. B	460. A
461. A	462. A	463. A	464. A	465. A
466. A	467. A	468. A	469. A	470. A
471. B	472. B	473. A	474. A	475. B
476. A	477. A	478. A	479. A	480. A
481. B	482. A	483. A	484. A	485. B
486. A	487. A	488. A	489. B	490. A
491. A	492. A	493. A	494. B	495. A
496. B	497. B	498. B	499. A	500. A
501. B	502. B	503. A	504. A	505. A
506. A	507. B	508. A	509. A	510. A

511. A	512. A	513. B	514. A	515. A
516. B	517. B	518. A	519. A	520. A
521. A	522. A	523. A	524. A	525. A
526. A	527. A	528. A	529. A	530. A
531. A	532. A	533. A	534. A	535. A
536. A	537. B	538. A	539. A	540. A
541. A	542. A	543. A	544. B	545. A
546. A	547. A	548. B	549. A	550. A
551. A	552. A	553. A	554. A	555. A
556. B	557. A			